絶対！わかる

楽典

100のコツ

YAMAHA

目　次

- 音楽を『読み取る力』『伝える力』を手に入れよう！ ……………………… 6

1章　楽譜とは？
- **01** 楽譜は音楽を記録するために生まれた ……………………………… 8
- **02** 楽譜にはさまざまな種類がある ……………………………………… 9
- **03** 楽譜の冒頭に入る情報 ………………………………………………… 10
- **04** 楽譜の冒頭"以降"に入る情報 ……………………………………… 11

2章　いろいろな楽譜（クラシック編）
- **05** クラシックのさまざまな楽譜 ………………………………………… 14
- **06** ピアノ独奏 ……………………………………………………………… 15
- **07** オーケストラ …………………………………………………………… 16
- **08** 協奏曲（コンチェルト） ……………………………………………… 17
- **09** 室内楽 …………………………………………………………………… 18
- **10** 歌曲 ……………………………………………………………………… 19
- **11** 合唱曲 …………………………………………………………………… 20
- **12** 声楽曲と管弦楽の組み合わせ ………………………………………… 21
- **13** パート譜 ………………………………………………………………… 22

3章　いろいろな楽譜（ポップス編）
- **14** メロディ譜（ボーカル・シート） …………………………………… 24
- **15** バンド譜（バンド・スコア） ………………………………………… 25
- **16** マスター・リズム・シート …………………………………………… 26
- **17** ドラム譜 ………………………………………………………………… 27
- **18** タブ譜 …………………………………………………………………… 28

4章　楽譜の冒頭の情報
- **19** テンポ（速さ） ………………………………………………………… 30
- **20** 音部記号（クレフ） …………………………………………………… 31
- **21** 拍子記号 ………………………………………………………………… 32
- **22** 調号 ……………………………………………………………………… 33
- **23** 調号早見表 ……………………………………………………………… 34

5章　テンポで楽想が決まる!?
- **24** 速度指定の意味とは？ ………………………………………………… 36

㉕ 遅い系楽曲の指定方法 ……………………………… 37
㉖ やや遅い〜中庸系楽曲の指定方法 ………………… 38
㉗ 速い系楽曲の指定方法 ……………………………… 39
㉘ 速度指定の組み合わせ ……………………………… 40
㉙ 正確な速度指定 ……………………………………… 41

6章　音の呼び名を知ろう！

㉚ 「ドレミ」は何語？ …………………………………… 44
㉛ イタリア語の音名 …………………………………… 45
㉜ 日本語の音名 ………………………………………… 46
㉝ 英語の音名 …………………………………………… 47
㉞ ドイツ語の音名 ……………………………………… 48
㉟ ドは「幹音」、ド♯は「派生音」……………………… 49
㊱ 「派生音」の音名 ……………………………………… 50
㊲ ダブル♯、ダブル♭ ………………………………… 51

7章　音符の読み方1　長さと高さ

㊳ 「五線」は音符の活動エリア ………………………… 54
㊴ 五線をはみ出したときの「加線」…………………… 55
㊵ 五線のオクターブを変える記号 …………………… 56
㊶ 音の長さと高さを表す「音符」……………………… 57
㊷ 拍子の区切りを表す「小節線」……………………… 58
㊸ 音を繋げる「タイ」…………………………………… 59
㊹ 「付点音符」は1.5倍の長さ ………………………… 60
㊺ 無音部分を表す「休符」……………………………… 61
㊻ 割りきれない数で分割した「連符」………………… 62
㊼ 音符の左横に付ける「変化記号」…………………… 63

8章　音符の読み方2　言葉や記号

㊽ 音符に表情を与える記号や言葉 …………………… 66
㊾ 息使いを表すスラーとブレス ……………………… 67
㊿ 音符のニュアンス …………………………………… 68
51 奏法指定の複合技 …………………………………… 69
52 レガートとマルカート ……………………………… 70
53 強さを指定する強弱記号 …………………………… 71
54 強弱を変化させる言葉と記号 ……………………… 72
55 テンポの変化（その1）……………………………… 73
56 テンポの変化（その2）……………………………… 74
57 テンポと音量の合わせ技 …………………………… 75

(58) 気持ちを伝える発想標語 …… 76
(59) さらに気持ちを付け加える付加語 …… 77

9章　拍子とリズム1　基本

(60) 拍子の基本となる「単純拍子」 …… 80
(61) 3拍子が集まった「複合拍子」 …… 81
(62) スリリングな「変拍子」 …… 82
(63) 滑らかな出だしを作る「弱起」 …… 83
(64) 「シンコペーション」ってナニ？ …… 84

10章　拍子とリズム2　ポップス

(65) ビートの種類1「8ビート」 …… 86
(66) ビートの種類2「16ビート」 …… 87
(67) ハネたリズム …… 88

11章　音程の数え方

(68) 音程の単位は「度」 …… 90
(69) 音程の単位「オクターブ」 …… 91
(70) 「完全」と「長・短」 …… 92
(71) 音程に付く「長」と「短」 …… 93
(72) 音程に付く「増」と「減」 …… 94

12章　スケール（音階）を見分けるコツ

(73) 明と暗を表す「長調」と「短調」 …… 96
(74) 「調号」の見方 …… 97
(75) 短調の音階の種類 …… 98
(76) 不思議な響きの「教会旋法」 …… 99
(77) 5音の音階「ペンタトニック・スケール」 …… 100

13章　和音の種類を見分けるコツ

(78) 4つの「三和音」 …… 102
(79) 七の和音 …… 103
(80) 九の和音 …… 104
(81) ちょっと変わった和音 …… 105

14章　コードネームの読み方

(82) 「三和音」のコードネーム …… 108
(83) 「七の和音」のコードネーム …… 109
(84) テンション・ノート …… 110

85 変わり種コード ……………………………… 111

15章　覚えると便利な知識

86 オーケストラに登場する楽器 ……………… 114
87 楽器の種類と特徴 …………………………… 115
88 「ハ音記号」は何に使われる？ …………… 116
89 「G.P.」と「カンマ」………………………… 117
90 移調楽器……………………………………… 118
91 オクターブ違いの音が出る楽器 …………… 119
92 室内楽の編成 ………………………………… 120
93 省略記号……………………………………… 121
94 col（コル）…………………………………… 122

16章　五線上のさまざま記号

95 反復記号１ …………………………………… 124
96 反復記号２ …………………………………… 125
97 装飾音符……………………………………… 126
98 装飾記号……………………………………… 127
99 よく使われる演奏記号 ……………………… 128
100 練習番号（リハーサルマーク）…………… 129

練習問題にチャレンジしよう！

● 楽譜テスト …………………………………… 132
● 楽譜テストの解答 …………………………… 133
● 音楽用語テスト ……………………………… 134
● 音楽用語テストの解答 ……………………… 135

コラム

● 鍵盤で音を出しながら読んでみよう！ ……………………… 12
● 楽譜を読んでいて迷子にならないコツ！ …………………… 42
● 知っている楽曲の楽譜から読んでみよう …………………… 52
● 音符が素早く読めるようになるコツ………………………… 64
● 難しそうなリズムも簡単に読めるようになるには？ ……… 78
● たくさんのパートがある楽曲の譜面を楽しむコツ ………106
● 苦手なコードネームはどう覚える？ ………………………112
● 和音は音の上下が入れ替わっても同じ響きを生み出す …130

音楽を『読み取る力』『伝える力』を手に入れよう！

　音楽を愛好する方が、聴くだけでは飽き足らなくなり、「楽譜を読んでみたい！」「演奏してみたい！」と思うことは、ごく自然な流れだと思います。

　しかし、そんな思いの前に立ちはだかるのが「楽譜」というハードルです。せっかく音楽の世界の入り口に立ったのに、ここで諦めてしまっては非常に残念です。

　「楽譜」を読むのに特別な能力は必要ありません。いわゆる「楽典」と聞くと堅苦しいイメージがありますが、簡単に言えば「楽譜の読み書きの決まりごと」です。

　これは「交通標識」と一緒で、知らないと何のことかわかりませんが、知っていれば決して難しい内容ではないのです。

　楽譜が読めると劇的に世界が広がります。「どんな和音（コード）を使っているのか？」「どんな楽器が登場するのか？」「どんな風に表情の指示がしてあるのか？」などなど、これまで作曲家や演奏者にしかわからなかったことがすべて詳らかになるのです。

　楽譜は「その楽曲の秘密」が詰まった宝箱です。この機会にぜひとも楽譜から「音楽」を読み取る力を身に付けましょう。読むことができれば、書いて伝えることだってできるようになります。

　さあ、少しだけ勇気を出して取り組んでみましょう。きっと今以上に「音楽の魅力」を感じることができるようになるはずです。

1章

楽譜とは？

本章では、楽譜がなぜ生まれたのか
また、楽譜にはどんな情報が入っているのかを紹介します。
ここで、楽譜を読み始める前の準備をしましょう。

01 楽譜は音楽を記録するために生まれた

もっとも使われているポピュラーな記録法が「五線」

楽譜とはどうして生まれたのでしょう？

楽譜が生まれるまでは、音楽は人から人へ伝承するしか伝えるすべがありませんでした。また、気に入った楽曲があっても、それを記録しておくこともできなかったのです。そこで考えられたのが、紙に音楽を目で見える形で記録することです。

世界各国のさまざまな文化圏で、いろいろなスタイルの記録方法が生まれました。その中でも、私達がいちばん馴染みのある「五線」による記録（記譜）方法は、ヨーロッパで生まれ、現在もっとも広く世界で使われています。

楽譜がなければ大勢で楽曲を合奏をしたいと思っても、それぞれのパートがどのように演奏したらいいかを指示することも困難だったでしょう。しかし楽譜の誕生によって、大勢で一つの作品を分担して演奏することが容易になり、多くの作品を後世に残すことも可能になりました。このように、音楽を目で見える形で記録（記譜）することは、音楽文化の発達のために必要なことだったのです。

●バッハ直筆譜
**無伴奏ヴァイオリンソナタ
第1番冒頭部分**

楽譜は、「音楽」を目に見える形で記録することができる唯一のメディアです。バッハ誕生の頃（17世紀）には、ほぼ現代の譜面の形ができあがっていました。

02 楽譜にはさまざまな種類がある

音楽スタイル、編成によって千差万別

　楽譜にはたくさんの種類があります。もっともよく目にするのはピアノ演奏用の「ピアノ譜」です。ピアノはほかの楽器と一緒に使われることが多く、さまざまな譜面に登場します。たとえば「歌の譜面」では歌のパート（歌詞も書き込まれている）に伴奏用のピアノ譜が加わります。

　クラシックの分野では、オーケストラの楽器のすべてのパートが記されている「オーケストラ・スコア」や各楽器のパートのみを抜粋した「パート譜」などがあり、ポピュラーミュージックの分野ではバンド演奏用の「バンド譜」、歌のメロディが書かれたシンプルな「メロディ譜」などがあります。

　このように「楽譜」は音楽のスタイルや楽器の編成、用途などによって、いろいろな種類があるのです。詳しくは、2章「いろいろな楽譜（クラシック編）」（P.13〜）、3章「いろいろな楽譜（ポップス編）」（P.23〜）で紹介します。その種類の多さにきっと驚くでしょう。

●オーケストラ譜の例

オーケストラの楽譜にはたくさんの楽器が登場するため、数多くの五線が用意されます。

03 楽譜の冒頭に入る情報

五線の冒頭には重要な情報が書かれている

　楽譜から音楽を読み取るときに、一番大事なのは「譜面のどこに何が書いてあるか？」を知ることです。

　とくに大切なのは、楽曲の冒頭です。タイトル（曲名）があり、右側に作曲者や編曲者のクレジット、五線の左側には楽器の指定などがありますが、注目すべきは五線の最初の部分です。

　ここには大切な情報がいくつも書き込まれています。

　まず、五線の上部には楽曲の速さを決める「テンポ」が入ります（P.30）。そして五線の冒頭には「音の高さ」を決める記号（P.31）、その右側には楽曲の「調」を決める記号（P.33）、さらにその右には「拍子」（P.32）が書き込まれています。

　これらは、どれも楽曲を演奏するために必要な情報で、書き込まれる位置や順番も決まっています。

● 譜面冒頭に入る情報

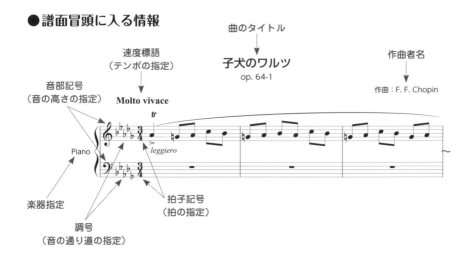

04 楽譜の冒頭 "以降" に入る情報

楽譜は「ト書き付きの台本」のようなもの

　五線の冒頭以降に登場するのは、基本的に２種類の要素です。

　音の高さと長さを表す「音符」、そしてその音符にニュアンスを与える「記号や標語」です。記号や標語には、奏法や強さ、速度や速度変化、気持ちを表すものなどがあります。

　これらは「芝居の台本」に置き換えてみるとよいでしょう。

　音符によって表された「メロディ」は「セリフ」、そのほかの「記号や標語」は、どのような気持ちで話すかを指示する「ト書き」だと考えてみてください。

　大切なのは、そのセリフ（メロディ）をどんなふうに読むかです。「やさしく」とか「激しく」、また「徐々に速めて」などを伝えることを考えれば、高さと長さを表す音符だけでは音楽を表現するのに不十分だということがわかるでしょう。

●チャイコフスキー作曲　「くるみ割り人形」組曲より
「ロシア舞曲・トレパーク」冒頭の1st. ヴァイオリン・パート

「くるみ割り人形」組曲より、ロシア舞曲「トレパーク」

作曲：P.I.Tchaikovsky

　速度は「トレパーク（力強い躍動感に富んだ舞曲）のテンポで、とても快活に」という指定です。譜面では強弱（ｆとｐ）がめまぐるしく切り替わり、フレーズには滑らかな音（スラー）と跳ねた音（スタッカート）が混在していますが、実はこれらのニュアンスがフレーズに瑞々しい躍動感を生み出しているのです。今はこれらの意味がわからなくても、本書を読み進めれば自然と理解できるようになるでしょう。

鍵盤で音を出しながら読んでみよう!

～音を感じれば10倍楽しい! 100倍わかる!～

　「楽譜を読むのに必要な知識」というと難しい顔で向き合ってしまいがちです。しかし、ちょっとした工夫で楽しく取り組むことができます。

　楽しく取り組む最大のコツは、音を出して感じながら取り組むことです。ぜひとも鍵盤楽器を用意して、音を出して「響き」を実感しながら読み進めてみましょう。

　この本では「調（キー）」「音階（スケール）」「和音（コード）」といった、音楽を組み立てている素材についても触れています。そんなページを理屈だけで読もうとしたら大変です。しかし、音で感じれば「あぁ、こういう響きか!」とか「確かに暗い音のする和音だなぁ……」などと、内容がストレートに心に入ってくると思います。

　音楽の実感を伴って読み進めることで、楽しいだけでなく、内容の理解もずっと深まるでしょう。

　「難しい⇒つまらない⇒わからない」という悪循環に陥ってしまうのでなく「感じる⇒おもしろい⇒よくわかる!」という好循環の中で楽しく取り組んでいただきたいと思います。

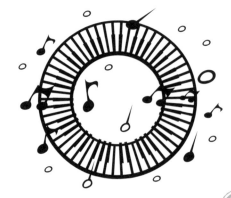

2章 いろいろな楽譜 (クラシック編)

たくさんある楽譜の種類から
クラシックで使用される楽譜をご紹介します。
楽器の表示順などもここで知ることができます。

05 クラシックのさまざまな楽譜

独奏と合奏の違いを知ろう

　クラシック音楽の楽譜には、楽器1台で演奏する楽曲から、多くのパートが登場する楽曲まで、さまざまなものがあります。
　これらを大きく分類すると「独奏」と「合奏」の2つに分けられます。
　「独奏」は、演奏者一人で演奏する楽曲です。たとえばピアノ曲などがその代表的なものです。
　また、一方で複数（2人以上）で演奏するのが「合奏（アンサンブル／ensemble）」です。「合奏」には「室内楽」や「オーケストラ」、「歌曲」「合唱」、また、それらの組み合わせなど、さまざまな楽器編成があります。
　クラシック音楽にはこのような楽器編成の違いによって、さまざまな種類の楽譜があるのです。またクラシック音楽では、楽器で演奏する楽曲を「器楽曲」、歌の楽曲を「声楽曲」と呼びます。

●独奏と合奏の譜面の違い

独奏の楽譜　「無伴奏　ヴァイオリン　パルティータ第2番より　Allemande　冒頭」
作曲：J.S.Bach

合奏の楽譜　「動物の謝肉祭『象』より抜粋」
作曲：Saint-Saens

独奏の楽譜には、楽器一つ分の五線が書かかれていますが、合奏では複数のパートの五線が連なります（ごく稀に一段の五線を複数で演奏する「合奏」もあります）。
見本の独奏の楽譜はヴァイオリン独奏。合奏の楽譜はピアノとコントラバスの合奏の譜面です。

06 ピアノ独奏

広い音域を効率良く表示できる譜面

　ピアノ独奏用の譜面は、楽譜の中でももっともポピュラーな存在です。ピアノは、低い音から高い音までとても広い音域を持った楽器です。「オーケストラに登場するほとんどの楽器の音域をカバーできる」といえば、その音域の広さがわかるでしょう。

　そのため、ピアノ用の楽譜は「高い音用」と「低い音用」の2段の五線を上下に組み合わせて、広い音域を表すことができるように工夫されています（P.31）。このような2つの五線を組み合わせた譜面のことを「大譜表」と呼びます。

　大譜表は、ピアノ以外の鍵盤楽器やハープなどのように、広い音域を持つ楽器にも使われます。

●ピアノ曲の譜面
　＜ベートーベン作曲　ピアノ・ソナタ第3番　第1楽章の冒頭＞

大譜表は2つの五線を曲線のカッコでくくります。とくに指定がない限り、上の五線を右手、下の五線を左手で演奏します。

07 オーケストラ

たくさんのパートが理路整然と並ぶ譜面

オーケストラ（管弦楽）は大規模な「合奏」です。

多くの楽器が登場するため、オーケストラの譜面には登場する楽器の数だけ五線がズラッと並びます。このような楽譜のことをオーケストラ・スコア（総譜）と呼びます。

オーケストラ・スコアの五線は、楽器のグループごとに並べるという決まりがあります。一番上には「木管楽器群」、次に「金管楽器群」、その下には「打楽器群」、一番下には「弦楽器群」がきます。それ以外の楽器、例えば「鍵盤楽器」や「ハープ」などは「打楽器群」と「弦楽器群」の間に配置されるのが一般的です。

五線の左側では、グループ分けが一目でわかるように、各楽器の種類ごとに五線をカッコでくくるという工夫がなされています。このような楽器グループの配置を知っていれば、複雑なスコアを見たときにも、どんな楽器が鳴るのかを容易に予想することができるようになるでしょう。

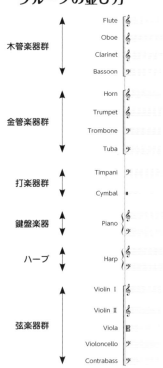

●楽器の種類のグループの並び方

オーケストラ・スコアでは、通常はこのような順で楽器のグループが配置されます。

08 協奏曲（コンチェルト）

「協奏曲」はオーケストラ＋独奏楽器

　オーケストラ（管弦楽）の楽曲には、独奏楽器が主役として登場する「協奏曲（コンチェルト）」があります（協奏曲には、時代やスタイルによって様々なものがありますが、ここでは、独奏協奏曲について取り上げます）。

　この「協奏曲（コンチェルト）」は主役となる独奏楽器とオーケストラの合奏の掛け合いが楽しめるため、大変魅力的な楽器編成です。

　有名な楽曲には、ピアノが主役の「ピアノ協奏曲」、ヴァイオリンが主役の「ヴァイオリン協奏曲」などがありますが、このほかにも主役になる楽器はフルート、オーボエ、クラリネット、ホルン、トランペットなどさまざまです。

　この「主役となる楽器」のパートには、ちゃんとスコアの中での定位置があります。それは楽器のグループの中で一番下に位置する「弦楽器群」のすぐ上です。「協奏曲」のスコアを見つけたら、「弦楽器群」グループのすぐ上、つまり第1ヴァイオリンの上を見れば、主役のパートがすぐに見つかるでしょう。

●協奏曲の場合のスコアの楽器の並び方

木管楽器群のグループ
金管楽器群のグループ
打楽器群のグループ
鍵盤楽器など
ハープ
ここ ─→ ★ 独奏楽器
弦楽器群のグループ

09 室内楽

1パートを1人で演奏するのが「室内楽」

複数の人数で演奏するのが「合奏」です。その中でも一つのパートを複数の奏者で演奏する楽曲（たとえば「オーケストラ」など）に対して、各パートを1人で演奏するものを「重奏」と呼びます。

「室内楽」とは2～10パート程度の「重奏」による器楽曲です。

室内楽は英語では「chamber music（チェンバー・ミュージック）」と呼ばれます（chamberとは宮廷内の広間のこと）。これは、いわゆる音楽会場以外（王侯貴族の館など）において演奏されていた音楽の編成が、その起源になっているからです。

「室内楽」は、その編成の違いによって呼び名がついています。編成の呼び名は「楽器名」＋「パートの数」＋「重奏」です。

たとえば、フルートとピアノの重奏ならば「フルートとピアノの2重奏」、弦楽器が4パート（ヴァイオリン×2、ヴィオラ、チェロ）の重奏ならば「弦楽四重奏（Srings Quartet／ストリング・カルテット）」となります。楽譜として流通しているのは、2重奏（Duet／デュエット）から5重奏（Quintet／クインテット）までが豊富です。6重奏（Sextet／セクステット）以上になると、その数はぐっと少なくなります。

●2～10重奏までの呼び名

2重奏　＝　デュエット（Duet）、デュオ（Duo）
3重奏　＝　トリオ（Trio）
4重奏　＝　カルテット（Quartet）
5重奏　＝　クインテット（Quintet）
6重奏　＝　セクステット（Sextet）
7重奏　＝　セプテット（Septet）
8重奏　＝　オクテット（Octet）
9重奏　＝　ノネット（Nonet）
10重奏　＝　デクテット（Dectet）

※演奏者単独による演奏は1重奏とは呼ばれず、「独奏（Solo）」と呼ばれます。

10 歌曲

独唱＋伴奏楽器

　歌曲とは一般に「独唱声楽曲」、つまり1人の歌手が歌う楽曲の名称です（厳密に言えば少人数による重唱の歌曲もあります）。

　歌曲の楽譜には、多くの場合、歌のパートに加えて伴奏のパートがあります。歌のパートには、音符の下に歌詞が書き込まれています。そのため8分音符より細かい音符であっても、歌詞の音節が変わるところでは旗（P.57）を繋げません。

　伴奏に使われる楽器は、ピアノがもっとも一般的ですが、中にはハープやオルガンなど、ピアノ以外の楽器によるものや、管弦楽（オーケストラ）によるものなどさまざまなケースがあります。

　ピアノなどの単独楽器が伴奏の場合、歌のパートが一番上で、伴奏のパートはその下に配置されます。伴奏が管弦楽（オーケストラ）の場合は、協奏曲と同じく歌のパートが弦楽器群のすぐ上に配置されます。

● **歌曲の楽譜例**

歌曲「蝶と花」より抜粋　　　　作曲：G.Faure

※この譜面では、通常五線の下側に書かれる松葉（P.72）が、歌詞の邪魔にならないように五線の上側に書かれています。

11 合唱曲

複数パートの声楽曲

合唱曲は、複数のパート（声部）をそれぞれ複数の人数で歌う楽曲です[※]。合唱には2つのパートによる「二部合唱」、3つのパートによる「三部合唱」、4つのパートによる「四部合唱」などがあり、もっと多くのパートによる合唱も存在します。さらに、声の種類によって、「女声合唱」「男声合唱」「混声合唱（女声と男声）」「児童合唱」などがあります。

楽譜は、高い音のパートから順に並びます。男女それぞれ2パートずつによる「混声四部合唱」の場合は、上からソプラノ（女性の高いパート）、アルト（女性の低いパート）、テノール（男性の高いパート）、バス（男性の低いパート）という順に並びます。音符の下に歌詞が書き込まれ、歌詞の音節が変わるところでは旗音符の旗を繋げません（P.19の楽譜を参照）。

※単一のパートを複数人数で歌うことを「斉唱（せいしょう）」と呼びます。また、複数のパートをそれぞれ1人で歌うことを「重唱（じゅうしょう）」と呼びます。広い意味ではどちらも合唱に含める場合もあります。

●合唱曲の譜面例

「レクイエム」よりAgnus Dei 冒頭　　作曲：W.A.Mozart

男女それぞれ2パートずつによる「混声四部合唱」。原曲の伴奏は管弦楽（オーケストラ）ですが、ピアノによる伴奏の楽譜も出版されています。伴奏楽器と合唱パートの位置関係は、基本的には歌曲と同じです。

12
声楽曲と管弦楽の組み合わせ

もっとも豪華な編成

　声楽曲と管弦楽「オーケストラ」が組み合わされた編成もあります。

　たとえば、交響曲に声楽曲（重唱と合唱）を組み合わせた名曲、ベートーベン作曲「交響曲第9番」はとくに有名です。

　また、「歌劇（オペラ）」も同様です。オペラは出演者（歌手）が演技をしつつ、歌唱によって進められる舞台芸術です。オーケストラを伴奏にして、色とりどりの声楽曲が登場します。同様に「レクイエム（鎮魂曲）」などもこの仲間に入れることができるでしょう。

　このように、壮大なオーケストラと深みのある声楽曲の組み合わせは、もっとも贅沢で豪華な編成といえるでしょう。

　オーケストラと声楽曲が組み合わされた場合、声楽のパートは協奏曲と同様に主役の位置（弦楽器群のすぐ上）に書き込まれるのが一般的です。オーケストラに混声四部合唱、四部重唱などが加わると、オーケストラスコアには何十もの五線が並びます。

●第九の演奏イメージ

ベートーベンの交響曲第九番の演奏では、指揮者を中心にオーケストラと合唱隊、重唱の4名などがステージの上にひしめくように並びます。

13 パート譜

演奏者のための譜面

　複数のパートが登場する楽曲の場合、演奏者は、自分のパートだけが書かれた楽譜を見て演奏しています。このような「自分のパートだけが書かれた楽譜」のことを「パート譜」と呼びます（指揮者は通常スコアを使用します）。

　スコア（総譜）は、すべてのパートを見渡すことができますが、1ページあたりの小節数が少なく、頻繁に譜めくり（ページめくり）をしなければならないという欠点があります。とくに演奏者は楽器の操作で両手がふさがっていますし、集中して演奏している最中に譜めくりという煩雑な作業が割り込んでくるのは、なるべく避けたいことなのです。

　パート譜は譜めくりの必要がないように、休符の小節がまとめられるなど非常に効率よく書かれているのが特徴です。また、どうしても譜めくりが必要になる曲の場合は、ページ最後の小節に長い休符の小節が来るようにするなど、譜めくりがしやすいように配慮がなされています。

　練習のときも、楽曲の場所が確認できるように譜面の場所を指定するためのマーキング（リハーサルマーク→P.129）が書き込まれています。

● パート譜の例

「弦楽四重奏曲第17番(K.458)」より
（第1楽章　冒頭部分　第2ヴァイオリン用パート譜）

作曲：W.A.Mozart

自分のパートしか書かれていないので、これだけを見てもどんな楽曲になるかはわかりません。

3章 いろいろな楽譜 (ポップス編)

たくさんある楽譜の種類から
ポップスで使用される楽譜を紹介します。
楽器の表示順などもここで知ることができます。

14 メロディ譜(ボーカル・シート)

最低限の情報で「弾き語り」を可能にする楽譜

　メロディ譜(ボーカル・シート)はボーカル曲で使われるシンプルな楽譜です(メロ譜とも呼ばれます)。

　基本的には一段の五線譜にメロディが書かれていますが、どんな和音(コード)で伴奏するかがわかるように、五線の上にコードネーム(14章)が書き込まれています。また、五線の下側には歌詞が書き込まれることがあります。たった一段の譜面ながら、メロディ、伴奏、歌詞がわかるため、これだけでも十分に弾き語りで演奏することが可能です。

●メロ譜の例

日本の名曲「紅葉」の冒頭部分をメロ譜にしてみました。音符の上のアルファベットがコードネームです。

15 バンド譜（バンド・スコア）

バンド演奏のすべてのパートが書かれた総譜

バンド譜とは、バンド演奏に登場するすべてのパートが書かれた楽譜です。すべてのパートの演奏情報がしっかりと書き込まれているので、この譜面通りに演奏すれば、楽曲をほぼ完全に再現できます。

バンド譜は、パートを並べる順番が大まかに決まっています。一番上がメロディ（ボーカル）、次に伴奏楽器（ギター、ピアノ、キーボード類など）、その下にベースとドラムセット、パーカッション（打楽器類）という順番がもっとも一般的な並びです。

ホーン・セクション（金管楽器＆サックス）やストリングス（弦楽器群）などが参加する場合は、一番上のメロディと伴奏楽器（ギター、ピアノなど）の間に配置されるのが一般的です※。

※管弦楽（オーケストラ）の楽器（ティンパニ、ハープ、弦楽器群など）が参加する場合には、五線の最下部に付け加えるケースもあります。

●バンド譜のパートの並び

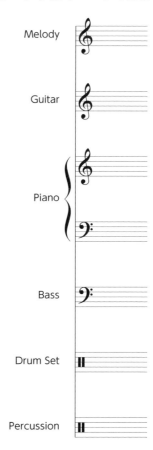

16 マスター・リズム・シート

バンド演奏の良さを生かすシンプルな譜面

　マスター・リズム・シートは、シンプルなバンド用の譜面です（略して「マスター・リズム」とも呼ばれます）。「メロ譜」の五線にもう一段の五線を加えた「2段の五線」で書くのがもっとも一般的です。

　1段目にメロディやコード・ネームが書かれるのはメロ譜と同じですが、この譜面で重要なのは2段目です。ここには楽曲の特徴であるリズムパターンやベースライン、重要な対旋律（裏メロ）やキメのリズム（楽曲の区切りで止めるときのリズム）などが書き込まれます。つまり「バンドとして要になる情報」が書き込まれているのです。

　バンド譜と違って、詳細まで指定されない分、楽曲の再現性に疑問を感じる方もいるかもしれませんが、実はこれで案外うまくいくのがバンドのすごいところです。楽曲の骨子が一目で掴めて、バンドの各メンバーがそれぞれの良さを発揮して伸び伸びと演奏できるという、「バンドにとって、とても都合のいい楽譜」なのです。

●マスター・リズム・シートの例

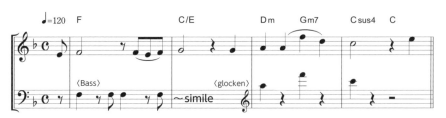

1段目はメロディ譜とほぼ同じ。2段目に楽曲の情報が書き込まれます。通常はパート名を指定して書き込み、全員でやる内容には「unison」と書き込みます。

ドラム譜

ドラムセットの楽器を五線に割り当てた楽譜

　ポップスで使われるドラムス（ドラムセット）は複数の打楽器を組み合わせて演奏するパートです。

　ドラムセットを構成する楽器の代表的なものは、足踏みで鳴らす大太鼓「ベース・ドラム（キック）」、小太鼓「スネア・ドラム」、ペダルで開閉可能な2枚重ねの小型シンバル「ハイハット」、複数のタムタム、数種類のシンバル類などです。これらの楽器を、五線に割り当てたのが「ドラム譜」と呼ばれる楽譜です。

　書き方は、流儀によって微妙な違いがあるようですが、ここでは、もっとも一般的と思われるものを紹介します。音符の形の違い（マルやバツなど）によって違う楽器や奏法を示すのがドラム譜の特徴です。

●ドラム譜での、各楽器の割り当て

ドラム譜では大太鼓「キック」のみが下向きの符尾で書き、残りの楽器は上向きの符尾で書き込みます。

1＝ベース・ドラム (BassDrum) 略称「BD」「キック」など
2＝スネア・ドラム (SnareDrum) 略称「SD」「スネア」など
3＝サイド・スティック (SideStick) 別称（リム・ショット）※バチを横にしてスネアのリムを叩く奏法
4＝ハイハット (Hihat) 略称「HH」「ハット」など
5＝ハイハット・クローズ (Hihat Close) 略称「クローズハット」※オープンにした後に、再び閉じる指定
6＝ハイハット・オープン (Hihat Open) 略称「オープンハット」※ハイハットをオープンで演奏する指定
7＝ライド・シンバル (Ride Cymbal) 略称「R.Cym」「ライド」など
8＝クラッシュ・シンバル (Crush Cymbal) 略称「C.Cym.」「クラッシュ」など
9＝タムタム (TomTom) 略称「Tom」「タム」など

18 タブ譜

6本線で書く「ギター専用」の譜面

　タブ譜とは「タブラチュア譜」の略で、「ギターなど、フレットのある楽器専用」の楽譜です。この楽譜は「五線譜」とはまったく違った読み方をするので、少々注意が必要です。

　タブ譜の線は弦の数を表しています（ギター＝6本、4弦ベース＝4本）。その各線には数字が書き込まれますが、この数字は、指板（フレット）上の「第何フレットを押さえるか」を表しています。

指板（フレット）には金属製の仕切りが埋め込まれていて、上から順に第1フレット、第2フレットと数えます。

　もともとはギターの先祖であるリュートなどの楽器のために考案された記譜法と言われていますが、現在ではギターやベースの楽譜として普及しています。指板上の運指を具体的に表すことができる唯一の楽譜なので、ギタリストやベーシストにとってはなくてはならない存在です。

　なお、タブ譜は普通の五線の下側に並べて書かれるのが一般的です。

●タブ譜の譜例

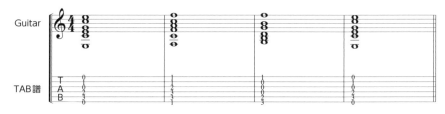

ギターの譜面。上が普通の五線譜、下がタブ譜。五線の下側に寄り添うように書かれることが多いです。6本の線の冒頭に「TAB」と書き込まれるのが特徴です。

4章

楽譜の冒頭の情報

楽譜を読むのに重要な情報が詰まっている
冒頭部分の決まりごとをご紹介します。
この冒頭の情報で、楽曲のカラーがわかります。

19 テンポ（速さ）

最初に目に入る「テンポ」は気持ちや数字で伝える

　楽譜を開くと、楽曲のタイトルの次に目に入る場所に書かれているのが「テンポ（速さ）」の指定です。楽曲にとって「速さ」はとても大事な要素です。同じメロディでも、速さによって楽曲の印象がまったく違うものになってしまいます。

　テンポ（速さ）の指定には2種類の方法があります（5章）。一つは、「言葉（速度標語）」で表す方法です。絶対的な速度を指定することはできませんが、どんな雰囲気の楽曲なのかを効果的に伝えることができます。もう一つは、「1分間に何拍打つ速さか」を数字（速度記号）で指定する方法です。この方法だと、正確な速度を指定できます。

　情報量を増やすために「言葉」と「数字」を併記する例もよく見かけます。その場合、まず「言葉」が来て、その右側に「数値」を書き込むのが一般的です。

● テンポ（速さ）の指定

「言葉（速度標語）での指定」

「数値（速度記号）での指定」

「併記の場合」

「Moderato」とは「中庸な速さで」という意味です（P.38）。併記する場合は、言葉（速度標語）の右側に数値（速度記号）を書き込むのが一般的です。

20

音部記号（クレフ）

五線が表す音の高さを決める記号

五線の一番左端に書かれている図形のような記号が「音部記号（クレフ）」です。

五線はこの指定がないと「どの線が、どの音の高さを表すのか」が決まりません。

「音部記号」が書き込まれることで、五線は初めて具体的な音の高さを表すことができるのです。

音部記号には、「ト音記号」「ヘ音記号」「ハ音記号」(P.116)の3種類があります。

「ト音記号」は「日本語の音名のト＝ソ（G）」の場所を決める記号です。記号の渦の中心が「ソ」になります。

「ヘ音記号」は「日本語の音名のヘ＝ファ（F）」の場所を決める記号です。記号の渦が始まる線、「：」でくくられている線がファ（F）の音になります。

「ハ音記号」は「日本語の音名のハ＝ド（C）」の場所を決める記号です。記号の中心を通る線がド（C）の音になります。

「ト音記号」は「G」、「ヘ音記号」は「F」、ハ音記号は「C」というように、それぞれの記号は、指定する音名のアルファベットが変化したものです。

● 音部記号

「ト音記号」（高音部記号）

「ヘ音記号」（低音部記号、バス記号※）

「ハ音記号」（アルト記号※）

アルファベットが変化した「音部記号」

● ト音記号とヘ音記号の場合

ト音記号

G → 𝒢 → 𝄞

ヘ音記号

F → 𝐅 → 𝄢

● ハ音記号の場合

ハ音記号

C → 𝒞 → 𝄡

※ヘ音記号には五線上の配置の違いで2種類、ハ音記号は同じく4種類あります。(P.116)

21 拍子記号

分数とは違う！ 拍子を表す記号

　五線の冒頭に書かれている分数のような数字は、拍子を表す「拍子記号」です。

　この数字は「分数」とは意味が違うので注意が必要です。「分母」の数字は1拍の単位になる音符の長さを表しています。この数字は「○分音符」の「○」に当てはめて考えましょう。たとえば、分母が4ならば「四分音符」が一拍、8ならば「8分音符」が一拍の単位となります（P.57）。

　「分子」の数字は「1小節」の中に何拍あるかを表しています。これは「○拍子」の「○」に当てはまる数字となります。たとえば分子が3ならば「3拍子」、4ならば「4拍子」を表しています。読み方は分数と同じで簡単です。「3/4」ならば「4分の3拍子」、「6/8」ならば「8分の6拍子」と読みます。

　拍子記号は一度表記すれば、五線の改段時に表記の必要はありません。楽曲の途中で拍子が変わる場合にはふたたび表記します。

● 拍子の記入

拍子記号は、五線の左から音部記号（P.31）、調号（P.33）に続いて書き込まれます。

22 調号

「調（キー）」の音の通り道を表す記号

　五線の冒頭、音部記号（ト音記号やヘ音記号など）のすぐ右側に書かれている「♯」や「♭」を「調号」と呼びます。この「調号」は「調（key）」を表す記号です。

　カラオケで音の高さが合わなくて歌いにくい場合に、メロディの高さを調節することがあると思います。このことを「調（キー）を変える」と言います。「調（key）」とはメロディで言えば、歌い出しの音の高さのことなのです。歌い出しの音が変わると、鍵盤の上では黒鍵を使う場所が変化します。その変化を表しているのが「調号」です。このことは12章（P.96～97）で詳しく説明しているので、そちらをご参照ください。

　調号は、始まる音の違いによって12種類あります。どの「調号」がどの「調（キー）」を表しているかを全部覚えるのは大変です。慣れないうちは、次項の「調号早見表」をご利用ください。

●「♯系の調号の例」
　（ニ長調、ロ短調）

●「♭系の調号の例」
　（変イ長調、ヘ短調）

調号には「♯」を使ったもの（♯系）と「♭」を使ったもの（♭系）があります。

23 調号早見表

調号はムリに覚えなくて OK。この対応表で調べよう！

調の違いを「♯」や「♭」で表しているのが調号です。調号は始まる音（主音）の違いによって12種類あります（P.97）。どの調号がどの調を表すのかをいっぺんに覚えるのは大変です。楽譜を読むときに「調号」がわからなかったら、このページの早見表を開いて調べましょう。楽譜をたくさん読む中で徐々に慣れていけばいいのです。

●「何も付かない調号」

調号には「何も付かないもの」、「♯」を使ったもの、「♭」を使ったものがあります。一つの記号で「長調」と「短調」の2つの調を表すことができます（P.96）。

ハ長調、イ短調

●「♯系の調号」

| ト長調 | ニ長調 | イ長調 | ホ長調 | ロ長調 | 嬰ヘ長調 | 嬰ハ長調 |
| ホ短調 | ロ短調 | 嬰ヘ短調 | 嬰ハ短調 | 嬰ト短調 | 嬰ニ短調 | 嬰イ短調 |

●「♭系の調号」

| ヘ長調 | 変ロ長調 | 変ホ長調 | 変イ長調 | 変ニ長調 | 変ト長調 | 変ハ長調 |
| ニ短調 | ト短調 | ハ短調 | ヘ短調 | 変ロ短調 | 変ホ短調 | 変イ短調 |

※調の名前は、P.46, P.96〜97を参照ください。

5章 テンポで楽想が決まる!?

楽想（作曲者が音楽で伝えようとしてるもの）は
テンポ表記で感じ取ることができます。
本章では、バラエティ豊かな表記法をご紹介します。

24 速度指定の意味とは？

速度を指定する言葉。もともとは「気持ち」を伝えるものだった

　19世紀初頭までは、楽曲の速さ（テンポ）は「言葉（速度標語）」で指定するものでした。テンポを指定する「言葉」には、楽曲の「速さ」のみならず、楽曲の雰囲気や楽想のニュアンスなどが含まれるため、楽曲の速さだけでなく「豊かな音楽性」をも伝える力があります。しかし、言葉だけでは絶対的な速度を指定することはできません。

　絶対的な速度（テンポ）を指定できるようになったのは、19世紀初頭にドイツのメルツェルが「メトロノーム」を発明してからのことです。

　現在の楽曲では「豊かな音楽性を伝えつつ正確な速度を指定したい」という狙いから「言葉（速度標語）」と「数値（速度記号）」を併記するケースをよく目にします。

「機械式」のものと「電子式」のものがあります。拍子を設定すると、拍子の周期でチャイムを鳴らす機能などもあります。

25 遅い系楽曲の指定方法

「遅い系」の速度標語のニュアンスを掴もう

　言葉による速さの指定（速度標語）のなかで「遅いテンポ」を指定する代表的なものは、「Largo（ラルゴ）」「Adagio（アダージョ）」「Lento（レント）」の3つです。これら3つの語にはそれぞれ異なったニュアンスがあり、速さの順番を付けるのは困難です。これらにはどんな意味があって、どのように使われるのかをまとめました。

★「Largo（ラルゴ）」★

　「幅広く緩やかに」という意味があります。非常に表情豊かで緩やかなテンポの楽曲によく用いられます。

★「Adagio（アダージョ）」★

　「心地よく、くつろいだ雰囲気」という意味があります。落ち着いた静かな楽曲によく用いられます。

★「Lento（レント）」★

　単純に「遅く」という意味があります。「Largo」とも「Adagio」とも違う雰囲気の、テンポの遅い楽曲で用いられます。具体的なニュアンスを、別の言葉で付け加えるケースをよく見かけます。

　例　「Lento　misterioso」＝「遅く、神秘的に」

26 やや遅い〜中庸系楽曲の指定方法

「やや遅い〜中庸系」の速度標語のニュアンスを掴もう

　言葉による速さの指定（速度標語）の中で、「やや遅い系」と「中庸系」のテンポを指定する代表的なものは、「Andante（アンダンテ）」「Andantino（アンダンティーノ）」「Moderato（モデラート）」の3つです。
　それぞれ、どんな意味があって、どのように使われるのかをまとめました。

● やや遅い系

　★「Andante（アンダンテ）」★

　「歩く速度」という意味があります。「早足（速め）」か「優美な歩み（遅め）」かで解釈が分かれることがありますが、現在では「やや遅め」のテンポの楽曲に用いられるのが一般的です。

　★「Andantino（アンダンティーノ）」★

　「〜ino」という接尾語には「やや〜で」という意味があります。直訳すれば「ややAndanteで」となりますが、「Andanteよりやや速めの楽曲」によく用いられます。

● 中庸系

　★「Moderato（モデラート）」★

　「中庸な」という意味で、「速すぎず遅すぎず……」というテンポの楽曲でよく使われます。「適切な速さで」「節度のある速さで」という意味も持ち合わせています。

27 速い系楽曲の指定方法

「速い系」の速度標語のニュアンスを掴もう

　言葉による速さの指定（速度標語）のなかで「速い系」を指定する代表的なものは、「Allegretto（アレグレット）」「Allegro（アレグロ）」「Vivace（ヴィヴァーチェ）」「Presto（プレスト）」の4つです。

　それぞれどんな意味があって、どのように使われるのかをP.38と同様にまとめました。

●速い系

★「Allegretto（アレグレット）」★

　「快速に」を表す「Allegro」に「やや～」を表す接尾語「～etto」が加わった語で「やや快速に」という意味になります。やや節度を持った速さの楽曲（「Allegro」よりやや遅め）によく用いられます。

★「Allegro（アレグロ）」★

　「快速に」という指定です。もともとは「愉快な」という意味ですが、「心地よい速さで」という意味で使われます。速めの楽曲によく使われます。

★「Vivace（ヴィヴァーチェ）」★

　「活発に」「生き生きと」という意味があります。一般的に「Allegro」より速い楽曲でよく使われます。

★「Presto（プレスト）」★

　「非常に速く」「急速に」という意味で、もっとも速いテンポで演奏する楽曲でよく用いられます。「きわめて」という意味の接尾語「～issimo」で速さを強調した指定「Prestissimo（プレスティッシモ）」もあります。

28 速度指定の組み合わせ

微妙なニュアンスを伝えることができる「合わせ技」

　速度（テンポ）を指定する言葉「速度標語」は、2つ組み合わせて使う場合があります。2つの言葉を組み合わせることで、両者の意味を併せ持たせたり、その中間のテンポを表したりできるのです。
　よく用いられる例を2つ用意しました。

＜2つの中間を表す例＞
★「Allegro moderato（アレグロ・モデラート）」★
　「中庸」と「快速」の中間的なテンポの指定をする場合によく用いられます。
　「快速に、ある程度節度をもって！」というように2つの意味を併せ持っていると考えてもいいでしょう。

＜2つの意味を併せ持たせる例＞
★「Allegro vivace（アレグロ・ヴィヴァーチェ）」★
　「Allegro」と「Vivace」の意味を併せ持って、「快速に、生き生きと！」という指定になります。「快速（Allegro）」がさらに「生き生き（Vivace）」とするので、Allegroよりも速いテンポの楽曲によく用いられます。

29 正確な速度指定

絶対的なテンポが指定できる近代的な方法

　正確な速度（テンポ）を指定する場合は、数値によるテンポ指定「速度記号」を使います。1拍の単位となる音符＝数値（1分間にいくつ打つか）で指定します。基準となる音符に1拍の長さ以外の音符を用いる場合もあります。

　また、絶対的な指定ながら、指定に幅を持たせたり、曖昧にしたりすることも可能です。幅を持たせる場合は、指定する数値を「88〜120」のように範囲で指定します。

　ある程度「だいたいこのくらいで」という曖昧な指定をしたい場合は、数値の前か後に「ca.」を加えます。「ca.」はイタリア語で「circa（チルカ）」の略で、「約」という意味です。

●速度記号による指定
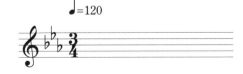

●幅を持たせた指定

●曖昧な指定

楽譜を読んでいて迷子にならないコツ！

～拍子を数えればはぐれない～

　好きな楽曲を聴きながら、その楽譜を読むことは楽しい作業です。しかし、楽譜を目で追っているときに、ふとしたきっかけで今聴いている場所がわからなくなってしまうことがあります。

　そんなことにならないようにするには、拍子をカウントするのが得策です。

　3拍子なら「1・2・3（イチ、ニイ、サン）」としっかりと数えて、小節の進みを確認しながら譜面を追うクセを付けましょう。テンポが遅い楽曲の場合は、カウントがずれてしまわないように拍の裏に「ト」を入れて、「1・ト・2・ト・3・ト（イチ、ト、ニイ、ト、サン、ト）」と数えるといいでしょう。

　8分の6拍子のような複合拍子では、3拍の塊を数えるように「イチ・2・3、ニイ・2・3」とカウントするといいでしょう。慣れてくると、意識をしなくても1小節の長さを把握できるようになりますので、楽譜の上で迷子になるトラブルはぐっと減るはずです。

　まずは拍子をカウントすることが基本になります。そこから始めましょう！

6章
音の呼び名を知ろう！

音の呼び名に使われる言語は、用途によってさまざまです。
本章では、言語ごとの音の呼び名と
その用途をご紹介します。

30 「ドレミ」は何語？

用途によって4カ国語が使われる

　音には呼び名があります。専門的には「音名」と呼ばれますが、「ド・レ・ミ・ファ・ソ・ラ・シ・ド」といえば誰しもが馴染みがあるでしょう。

　「音名」は、おもに4カ国での呼び方が使われます。先に出てきた「ドレミファソラシド」はイタリア語の音名です（スペイン語でも同じ発音の音名が使われます）。そのほかによく使われるのは「日本語の音名」「英語の音名」「ドイツ語の音名」です。

　それぞれ用途やジャンルなどによって使い分けられています。

31 イタリア語の音名

メロディを歌うならこれに勝るものはナシ

「ドレミの歌」でもおなじみの「ド・レ・ミ・〜」はイタリア語の音名です。「音名」でメロディを歌うときは、必ずといっていいほど「イタリア音名」が使われます。「ド・レ・ミ・ファ・ソ・ラ・シ」は、発音がシンプルで、いろいろな音名の中でも、もっとも歌いやすい音名といえるでしょう。

正しい綴りは「Do（ド）・Re（レ）・Mi（ミ）・Fa（ファ）・Sol（ソル）・La（ラ）・Si（シ）」です。「ソ」ではなく「ソル」という発音になるところがポイントです。

また、フランス語での音名は、「do（ド）」だけが「ut（ユト）」になり、あとはイタリア音名とほぼ同じなので、覚えておくとおもしろいでしょう。

●イタリア語の音名

32 日本語の音名

おもに「調名」で使われる

　日本語の音名には、「いろはにほへと」を使います。イタリア語の音名「ラ」の音に最初の「い」を当てはめるため、「ド」の場所が3番目の「は」になるのがポイントです。

　イタリア語の音名の「ド・レ・ミ・ファ・ソ・ラ・シ」を、日本語の音名に置き換えるとカタカナで「ハ・ニ・ホ・ヘ・ト・イ・ロ」となります。

　「日本語の音名」は、現在ではおもに調（P.33、P.34、12章）の呼び名に使われています。「ハ長調」「イ短調」というような呼び名は、どこかで耳にしたことがあると思います。「ド」から始まる長調ならば「ハ長調」、「ラ」から始まる短調ならば「イ短調」という具合に使われます。

●日本語の音名とイタリア音名の関係

33 英語の音名

おもにジャズやポピュラーミュージックの分野で使われる

「英語の音名」は、アルファベット「ABC」を使います。日本語の音名と同じくイタリア語の音名「ラ」の音に最初の「A」を当てはめるため、「ド」の場所が3番目の「C」になります。

イタリア語の音名の「ド・レ・ミ・ファ・ソ・ラ・シ」は、英音名では「C・D・E・F・G・A・B」と当てはめられます。発音は英語のアルファベットと同じ「シー・ディー・イー・エフ・ジー・エー・ビー」です。

これは主にジャズやポピュラーの分野で使われます。また、このアルファベットは「コードネーム（14章）」の基本にもなっています。

クラシックの分野で用いられることが多い「ドイツ語の音名」とは、「E」や「A」の発音や、音名に当てはまるアルファベットが微妙に違うので、両者が混同することがないよう注意が必要です。

●英語の音名とイタリア語の音名の関係

イタリア語	ド	レ	ミ	ファ	ソ	ラ	シ
英語	C	D	E	F	G	A	B
読み仮名	シー	ディー	イー	エフ	ジー	エー	ビー

34 ドイツ語の音名

おもにクラシックの分野で使われる

「ドイツ語の音名」は、英語の音名と同じくアルファベットの「ABC」を使います。英語の音名と同じくイタリア語の音名「ラ」の音に最初の「A」を当てはめるため、「ド」の場所が3番目の「C」になりますが、その並びは英音名とは微妙に異なります。

イタリア語の音名「ド・レ・ミ・ファ・ソ・ラ・シ」は、ドイツ語の音名では「C・D・E・F・G・A・H」と当てはめられます。発音は「ツェー・デー・エー・エフ・ゲー・アー・ハー」となります。

本来「A」の次に来るべき「B」の代わりに「H（ハー）」が当てられているのも大きな特徴です。ちなみに「B（「ベー」と発音）」は「H（イタリア語のシ）」に♭が付いて半音低くなった音の呼び名になります（次項参照）。

ドイツ語による音名は、おもにクラシックの分野で使われます。ジャズやポピュラーの分野で用いられることが多い「英語の音名」との間で、「E」「A」が混同しないように注意しましょう。

● ドイツ語の音名とイタリア語の音名の関係

35 ドは「幹音」、ド♯は「派生音」

♯や♭が付かないのが「幹音」

「幹音（かんおん）」とは、ピアノの鍵盤でいえば、白い鍵盤だけで弾ける音階（12章参照）「ド・レ・ミ・ファ・ソ・ラ・シ」を指し、♯（シャープ）や♭（フラット）などの変化記号（P.63）で音の高さが変化していない音のことです。

これに対して「派生音」とは、「幹音」に♯が付いて、元の音の高さから半音高くなったり、♭が付いて、元の音の高さから半音低くなったりする音のことです。

たとえば、「♯の付いたド」や、「♭の付いたシ」などは「派生音」です。派生音は「音名」も変わるので注意が必要です（次項参照）。

●幹音と派生音

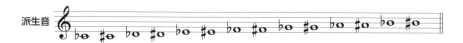

36 「派生音」の音名

♯や♭が付くと「音名」の呼び名が変わる

　♯（シャープ）や♭（フラット）などの変化記号（P.63）が付いて、音が半音上がったり、半音下がったりすると「音名」も変化します。
　派生音の音名がよく使われるのは「日本語の音名」「英語の音名」「ドイツ語の音名」の3種です。それぞれの音名がどのように変わるか下にまとめました。

■ 日本語の音名

♯が付いた音は音名の前に「嬰（えい）」を付け、♭が付いた音には音名の前に「変（へん）」を付けます。
　例　「ハ（ド）の♯」＝　嬰ハ
　　　「ハ（ド）の♭」＝　変ハ

■ 英語の音名

♯が付いた音はアルファベットの後ろに「sharp（シャープ）」を付け、♭が付いた音ではアルファベットの後ろに「flat（フラット）」を付けます。
　例　「C（ド）の♯」＝「C sharp」（シー・シャープ）
　　　「C（ド）の♭」＝「C flat」（シー・フラット）

■ ドイツ語の音名

♯が付いた音にはアルファベットに「is」を付加し、♭が付いた音には「es※」を付加して読みます。
　例　「C（ド）の♯」＝「Cis（ツィス）」
　　　「C（ド）の♭」＝「Ces（ツェス）」※

※＜ドイツ語の音名の例外＞「♭」の付いた音を表すときに付加される「es」は、「E」と「A」に関しては「e」が省かれて「Es」「As」となります。また、「H」のフラットだけは「es」を付加せずに「B」となります。

37 ダブル♯、ダブル♭

既に♯や♭が付いた音をさらに変化させた音

　調号などによってすでに♯（シャープ）や♭（フラット）が付いている音に対して、さらに♯を付けたり、♭を付ける場合があります。このような音を、ダブルシャープ、ダブルフラットと呼び、専用の変化記号が付きます（P.63）。

　また、音名も変化します。「日本語の音名」「英語の音名」「ドイツ語の音名」について下にまとめました。

日本語の音名
ダブルシャープ「×」が付いた音は音名の前に「重嬰（じゅうえい）」を付け、ダブルフラット「♭♭」が付いた音には音名の前に「重変（へん）」を付けます。
　例　「×の付いたハ（ド）」＝重嬰ハ
　　　「♭♭の付いたハ（ド）」＝重変ハ

英語の音名
ダブルシャープ「×」が付いた音はアルファベットの後ろに「double sharp（シャープ）」を付け、ダブルフラット「♭♭」が付いた音ではアルファベットの後ろに「double flat（フラット）」を付けます。
　例　「×の付いたC（ド）」＝「C double sharp」（シー・ダブルシャープ）
　　　「♭♭の付いたC（シ）」＝「C double flat」（シー・ダブルフラット）

ドイツ語の音名
ダブルシャープ「×」が付いた音名にはアルファベットに「isis」を付加し、♭が付いた音には「eses」※を付加して読みます。
　例　「×」が付いたC（ド）＝「Cisis（ツィスィス）」
　　　「♭♭」が付いたC（ド）＝「Ceses（ツェセス）」※

※＜ドイツ語の音名の例外＞「♭♭」の付いた音では、「E」と「A」に関しては「Eses」「Ases（もしくはAsas）」となります。また、「H」の場合は「Heses」「Bes」「BB（ベーベー）」などの呼び名があります。

●ダブルシャープと
　ダブルフラットの記号

　　　　　　　　　ダブルシャープ　　　ダブルフラット

知っている楽曲の楽譜から読んでみよう

～いきなり難しいものにチャレンジするなかれ～

　真面目な人ほど、最初から難解なものにチャレンジしてしまう傾向にあります。これは「楽譜を読めるようになりたい」と思う人にも当てはまることかもしれません。

　子供に「哲学書」を読ませれば、きっと読書が嫌いになるでしょう。それと同じで、最初からあまりハードルを高くせず、無理をしないのが楽譜を読む力を上達させる最大のコツといえるでしょう。

　一番良いのは、あまり難しくない楽曲の中から「よく知っている楽曲」「好きな楽曲」の楽譜を選んで取り組むことです。

　最初は楽譜を読む力がたどたどしくても「その楽曲を知っている」ということが困難を乗り切る援軍となるのです。これは自転車の練習のときに後ろから支えてもらうようなものです。安心して取り組めば、支えがなくなったときに自然と乗れるようになっているのと同じと考えましょう。

　肩に力を入れ過ぎずに、楽しんで継続することが読譜力をマスターする早道なのです。

7章 音符の読み方1 長さと高さ

音符に記される情報の中から
「長さ」と「高さ」の読み方、指定の仕方をご紹介します。

38

「五線」は音符の活動エリア

それは音符に意味を与える仕切り線!

「五線」は、「音の高さ」と「タイミング」を表す仕切り線です。

高さを表すのが「上下方向」です。音符の位置が下に行くほど低い音を、上に行くほど高い音を表します。音符の玉は、五線の「線の上」か「線と線の間」に書き込まれます。

時間経過を表すのが、「左右方向」です。音符は左から右へと進んでいきます。

「五線」を使うと、音楽の大事な要素である「音の高さ」と「時間経過」の2つを、シンプルな絵柄で効率よく表すことができます。

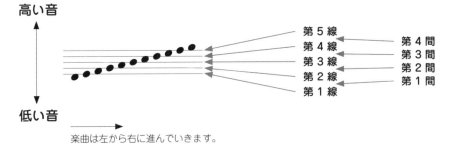

楽曲は左から右に進んでいきます。

五線は、下から順に第1線、第2線、第3線、第4線、第5線と呼びます。また、線と線の間は、下から順に第1間、第2間、第3間、第4間と呼びます。

39 五線をはみ出したときの「加線」

五線が足りなくなったら「加線」でエリアを拡大！

「五線」のエリアには11個の高さの音を書き込めますが、それより高い音や低い音が登場することがよくあります。その場合に、使われるのが「加線（かせん）」です。加線は、五線が足りなくなった場合に上や下に付け加える「臨時の線」です。あまり何本も書き込むと、音の高さが読みにくくなってしまうので、通常使用する本数は3〜4くらいまでを一つの目安にするとよいでしょう。

五線の上に付け加える加線を「上加線（うえかせん）」、下に付け加える加線を「下加線（したかせん）」と呼びます。

●加線の解説「各線」「各間」の呼び方

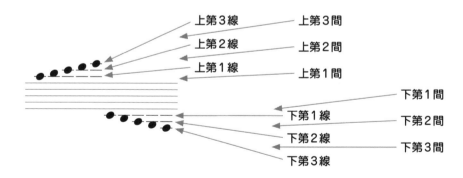

40 五線のオクターブを変える記号

一発で1オクターブずらすことができる「オッターヴァ記号」!

　音符が、五線のエリアをずっとはみ出たままのような場合は、加線を使うとかえって読みにくい譜面になってしまいます。そんなときに便利なのが、「オッターヴァ記号」です。この記号で指定したエリアは、1オクターブ (P.91) 高い音、もしくは低い音になります。

　オッターヴァ記号が五線の上側に書かれた場合は、1オクターブ高い音を表し、五線の下側に書かれた場合は1オクターブ下の音を表します。「オッターヴァ記号」は「8va」と書き、2オクターブ上や下の音を表す場合は「15ma」と指定します。

● 「8va Alta (オッターヴァ・アルタ)」

● 「8va Bassa (オッターヴァ・バッサ)」

● 「15ma Alta (クインディチェジマ・アルタ)」

※1オクターブ低い音を表す場合の記号は「8vb」(オッターヴァ・バッサの略) と書かれることもあります。

41 音の長さと高さを表す「音符」

音符は「全音符」を割り算してできている！

　音符には、音の「高さ」と「長さ」を表す役目があります。「高さ」は五線に書き込まれる位置で決まり、「長さ」は音符の「玉」や「旗」の書き方で区別します。そして長さの基準になるのは「全音符」です。これを何等分に分けたかが「音符の長さの呼び名」になります。

　分割は、常に2等分していくという決まりがあります。たとえば、「全音符」を2つに分けたのが「2分音符」、それを2つに分けて4等分にしたのが「4分音符」となります。

　4分音符をさらに2等分すれば「8分音符」、さらに2等分すれば「16分音符」、さらに細かくすれば「32分音符」「64分音符」となっていきます。

　「64分音符」とは全音符を64等分に割った長さなのです。

●音符の各部分の呼び名

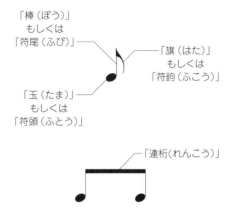

●さまざまな長さの音符

※8分音符より細かい音符は、読みやすくするために拍単位で旗を繋げて（連桁）書きます。

42 拍子の区切りを表す「小節線」

拍子の周期で均等に分けられた楽曲の区切り線！

　五線を分けるように縦に引かれている線を「小節線」と呼びます。「小節線」は、その楽曲の拍子の周期の位置に引かれます。つまり、3拍子なら3拍ごと、4拍子ならば4拍ごとに小節線で区切られているのです。

　この小節の数のことを「小節数」と呼び、楽曲の位置を確認したり、楽曲のサイズを表したりするのに使われます。

　小節線には、通常の1本線だけでなく、楽曲の区切りなどを表す2本の「複縦線」や、楽曲の終わりを表す「終止線」などがあります。

複縦線は楽曲の区切り以外にも、拍子や調が変わる場所などに、注意の喚起として使われることもあります。

43 音を繋げる「タイ」

音の長さを延長する便利なタイ！

　タイを使うと、同じ高さの音符同士を繋ぐことができます。この弧線で繋げられた音は、繋がった一つの音として扱われます。実際の音楽では、音の長さが必ずしも「音符の長さ」だとは限りません。小節線を越えて伸びてゆく音もあれば、次の拍へ伸びる音もあるでしょう。

　そんなときに便利なのが「タイ」です。「タイ」は、多彩なリズムを表すときになくてはならない存在なのです。

　また、弧線が違う高さの音符に掛けられている場合は「タイ」とは違った意味になります。こちらは「スラー (slur) P.67」と呼ばれ、一息で演奏するという指定になるので注意しましょう。

●タイの解説

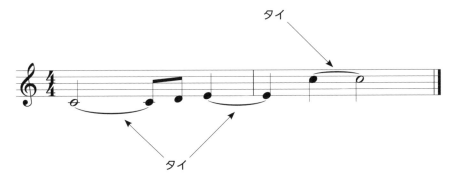

弧線（タイ）で結ばれた同じ高さの音は、繋がった一つの音として扱われます。タイは通常「音符の棒」の反対側に書き込みます。

44 「付点音符」は1.5倍の長さ

音符の長さの「半分」を追加する!

　音符の右横に付けられた「小さな点」を「付点」と呼びます。「付点」を付けられた音符は「元の長さ」+「その半分」となり、1.5倍の長さになります。付点の付いた音符は「付点音符」と呼ばれます。全音符に付点が付けば「付点全音符」、4分音符に付点が付けば「付点4分音符」と呼ばれます。

　付点が、2つ付けられることもあります。「複付点音符」と呼ばれますが、この場合は、「元の長さ」+「その半分（2分の1）」+「その半分の半分（4分の1）」となります。

　付点音符を上手に使うと、タイの数を減らして「シンプルな譜面」に仕上げることができます。

●付点音符と複付点音符の解説

付点4分音符　　　　　=　　

複付点4分音符

45 無音部分を表す「休符」

「休み」の長さは音符と同じ方式で表す！

　「休符」は「音を鳴らさない」という指示です。音楽にとって「無音の部分」は表現上非常に大事なので、休符の役割も重要です。
　「休符」の長さの表し方は、音符のときと同様に「全休符」が基準となって、それを2等分して細かくしていきます。2等分した長さの休符は「2分休符」、4等分したものは「4分休符」と呼ばれるのも音符と同じです。
　また、「付点」や「複付点」（前項）を使って長さを表すこともできます。ただし、休符は「タイ（P.59）」で繋ぐことができません。

●「さまざまな休符」

全休符　　　　　　　　2分休符　　　　　　　　4分休符

8分休符　　　　　　　16分休符　　　　　　　32分休符

●「付点や複付点が付いた休符」

付点4分休符　　　𝄽・　＝　𝄽　＋　𝄾

複付点4分休符　　𝄽‥　＝　𝄽　＋　𝄾　＋　𝄿

46 割りきれない数で分割した「連符」

「字余りのフレーズ」もきれいに納める便利な存在！

「音符」の長さは、全音符の長さを基準にして、それを2等分していきます。しかし、2等分以外で分割された長さが必要になることがあります。そんなときに使われるのが「連符」です。

連なった音符群をカッコでくくり「何等分されたか」の数字を書き込めば連符のできあがりです。3等分する音符を「3連符」、5等分する音符を「5連符」などと呼びます。

基本的に音符の長さを表す数字「2、4、8、16、32」以外の分割で使われますが、稀に3拍の長さを4つに分割する「4連符」のようなケースもあります。

●連符の書き方

●音符の長さを表す数字以外の分割は、連符で表す

●3拍の長さを4分割した例（4連符）

付点4分音符（8分音符3つ分）を4分割（4連符）した例

音符の左横に付ける「変化記号」

音符の高さを微調整する「変化記号（臨時記号）」！

　音符の左横に付く「♯（シャープ）」「♭（フラット）」「♮（ナチュラル）」などの記号を「変化記号（臨時記号）」と呼びます。

　五線の冒頭に書かれる「調号（P.33）」にも、「♯」や「♭」が使われますが、「変化記号（臨時記号）」とは少々意味合いが違います。

　調号が「その調の音の通り道」を示しているのに対して、「変化記号（臨時記号）」は一時的に音の高さを変化させるときに使用します。

　「♯」は「元の高さより半音高くする」という指定です。

　「♭」は「元の高さより半音低くする」という指定です。

　「♮」は、「調号（P.33）や変化記号（♯や♭）によって、高められたり低められたりした音を、元の高さに戻す」という指示です。

　また、半音２つ分高くする指定の「𝄪（ダブルシャープ）」、や半音２つ分低くする指定「♭♭（ダブルフラット）」などもあります。

　なお、変化記号には効力の及ぶ範囲があります。変化記号が使われた以降に限り、同じ小節の同じ高さの音には、変化記号が影響します。影響を及ぼしたくない音には「♮」を付けておく必要があります。

● 「変化記号」

● 「効力の及ぶ範囲」

変化記号が付いた音符よりあとの、同じ高さの音は変化記号の影響を受けて「♯」が付きます。ただし、次の小節には影響しません。

音符が素早く読めるようになるコツ

～「ドとソの場所」を覚えよう！～

五線に書かれた音符をスラスラと読めるようになるのは大変です。読み慣れない位置に書かれた音符などは、ついつい「ド」から順番に五線の上を「ド・レ・ミ・ファ・」と数えてしまうこともあるでしょう。

誰しも小さい頃は平仮名を読むのがたどたどしかったように、音符も流暢に読めるようになるには「慣れ」が必要です。しかし、ハードなトレーニングをしなくても、上達のスピードを上げるコツがあります。

それは、最初に「ドとソ」の位置を覚えてしまうことです。

「ドとソ」の位置がわかれば、それが音名を読む手がかりになります。「ド」の上下が「シとレ」、「ソ」の上下が「ファとラ」ですから、残るは「ミ」だけになります。

「ト音記号」以外の音部記号が登場しても、この手を使えば少ない労力で、素早く音の位置が掴めるようになるでしょう。

● 「ド」と「ソ」の位置を掴もう！

8章 音符の読み方2 言葉や記号

音符に記される情報の中から
音楽表現や演奏表現に関する指定をご紹介します。

48 音符に表情を与える記号や言葉

台本の「ト書き」の役割をする記号達

楽譜には「音符」以外にもさまざまな情報が書き込まれています。とくに「音符」に寄り添うように書き込まれた記号や言葉（標語）は、豊かな音楽表現になくてはならないものです。

楽譜を「芝居の台本」にたとえるならば、音符はセリフです。このセリフをどんなニュアンスで読んだらいいのかを指示するのが、記号や言葉（標語）達なのです。

記号や言葉（標語）には「音の長さ」「強弱」「強弱の変化」「テンポの変化」「気持ちを伝える指示」など、音楽の表現に必要なさまざまものがあります（基本的にこれらの指定にはイタリア語が使われます）。

この章では、指示する要素ごとに分類して、おもなものを紹介していきます。

●記号や言葉が書き込まれている楽譜の例

さまざまなニュアンスが書き込まれた楽譜。音符以外の記号や言葉（標語）に注目しましょう。

49 息使いを表すスラーとブレス

一息で弾く「スラー」と息継ぎを表す「ブレス」

音楽にとって「息の使い方」はとても大切です。歌や管楽器は当然のことながら、息を使わない楽器（たとえばピアノなど）であっても、奏者はフレーズを頭の中で歌っています。

この「息使い」を表す記号は、連なった音符（フレーズ）にかかった弧線「スラー（slur）」です。これは「この範囲を一息で演奏する」という指定です。

スラーでくくられた範囲は「息継ぎ」をすることなく、一つの塊になるように演奏します。音の間に切れ目がないように「滑らか（legato）」（P.70）に演奏するのですが、楽器で演奏する場合も「歌」をイメージして演奏すると、理想的な「スラー」が表現できるでしょう。

一方、「息をする場所」を表すのが「ブレス」です。記号では「V」と書きます。歌の譜面では、フレーズの区切りの場所に「ここで息をしましょう」という合図で「ブレス」が書き込まれています。

●スラーとブレス

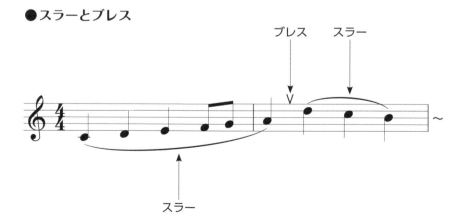

50 音符のニュアンス

音符一つ一つの強さや長さなどを指定する

　音符一つ一つのニュアンスを指定する記号には、「スタッカート」「テヌート」「アクセント」などがあります。

　「スタッカート」は、音を短く切って、音と音の間に明確な隙間を空けて演奏する指定です。音符の玉（符頭）に付いた「・」の記号がスタッカートです。また、さらに音を短くしたい場合には「▲」（スタッカーティッシモ）を使います。

　「テヌート」はスタッカートの逆で「音を十分に保って」という指定です。音符の玉（符頭）に付いた「ー」の記号がテヌートです。実際の演奏では、その音に少し重みを持たせるような気持ちで演奏します。

　「アクセント（accent）」は「強調する」という意味です。アクセントの指定がある音は「前後の音より強く」演奏します。音符の玉（符頭）についた「＞」や「∨」の記号がアクセントです。

●スタッカートとテヌートの例

※実際の演奏の音の長さはあくまで目安です。実際の長さはテンポや曲想などによって変わってきます。

※スタッカートとテヌートは「staccato（略してstacc.）」「tenuto」と五線に言葉で書き込まれる場合もあります。言葉で指定する場合は、通常五線の下部分に書き込まれます。

※どちらもアクセントの指定です。

51 奏法指定の複合技

組み合わせて「微妙」なニュアンスを表現

「スタッカート（音を短く切って）」と「テヌート（音の長さを十分に保って）」のように、相反する指定を組み合わせて使うことがあります。

この場合、音を短く切って「音と音の間に隙間を空けたい」のだけれど、同時に「音の長さを十分に保って」という指定があるため、その間で葛藤して「音を短くし過ぎず、保ちすぎず……」という微妙なニュアンスとなります。

このほかにも、スラー（一息で）とスタッカートの組み合わせなど、いろいろな表現方法があります。

● スタッカート＋テヌート

※ポルタート（portato）と呼ばれることもあります。

52 レガートとマルカート

フレーズのニュアンスを伝える言葉

「レガート」と「マルカート」は「連なった音符（フレーズ）」のニュアンスを指示する言葉（標語）です。

「レガート（legato）」は、音の間に切れ目がないように「滑らか」に演奏する指定です。五線譜には「legato」と書かれている場合もありますし、スラー（P.67）の弧線を代用して「レガート」を表している場合もあります。

一方の「マルカート（marcato）」は「強調された」という意味の言葉です。これは「音の粒を一つ一つハッキリ」演奏するという指定です。音と音の間に適度な隙間を入れて、音の粒を揃えるように強めに演奏します。五線譜には「marcato」もしくは略して「marc.」と書かれます。

● 「レガート」

どちらもレガートで演奏します。

● 「マルカート」

※言葉で指定する場合は、通常五線の下部分に書き込まれます。

53 強さを指定する強弱記号

演奏の強さを表す記号

　演奏する強さの指定が「強弱記号（ダイナミクス）」です。

　指定には「強い」を表す「*f*（フォルテ）」と「弱い」を表す「*p*（ピアノ）」の２つを使いますが、そこに「やや」というニュアンスの「*m*（メゾ）」を組み合わせて中間の強さを表します。

　また「*f*」と「*p*」は数を増やして強調できます。「*f*」より強くという指定には、「*ff*（フォルティッシモ）＝きわめて強く」や「*fff*（フォルテ・フォルティッシモ）＝*ff*よりも強く」などと指定します。「*p*」も、「*pp*（ピアニッシモ）＝きわめて弱く」や「*ppp*（ピアノ・ピアニッシモ）＝*pp*よりも弱く」と指定します。「*f*」や「*p*」を強調するために４つ以上書き込む作曲家もいますが、３つくらいまでが一般的です。

　また、「*sf*（スフォルツァンド）」「*sfz*（スフォルツァート）」「*fz*（フォルツァート）」などは、ダイナミクスに似ていますが、違った意味を持ちます。こちらはアクセント（P.68）と同じく「まわりの音より大きく演奏する」という指定です。

●強弱記号の強さの順番

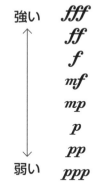

●スフォルツァンドなど

これらの記号が付いた音符は、周りの音より大きく演奏します。

※これらの記号は、通常五線の下部分に書き込まれます。

54 強弱を変化させる言葉と記号

演奏の強さを変化させるには言葉と記号がある

　ダイナミクス（演奏の強弱）を次第に強くしたり、次第に弱くしたりすることは、音楽表現にとってとても大事です。

　「次第に強くする」指定を「クレッシェンド（crescendo）」、「次第に弱くする」指定を「ディミヌエンド（diminuendo）、もしくは「デクレッシェンド（decrescendo）」と呼びます。

　また、不等号を横方向に伸ばしたような記号「松葉」でも表すことができます。「松葉」は演奏時の気持ちの抑揚を表す場合にも使われます。

● 「強さの変化で使われる言葉と記号」

次第に強く＝crescendo（略してcresc.）　記号では「＜」
次第に弱く＝diminuendo（略してdim.）もしくはdecrescendo（略してdecresc.）　記号では「＞」

● ダイナミクス（強弱）の変化

● 「松葉」での気持ちの抑揚の変化の例

強弱記号が変化しない場合は、気持ちの抑揚を表現します。

※これらの記号や言葉は、通常五線の下部分に書き込まれます。

55 テンポの変化（その1）

演奏の速さを変化させる指定

　楽曲の途中でテンポ（楽曲の速さ）を変化させる記号があります。テンポの変化には、「ただちに変化させる指定」と「次第に変化させる指定」の2種類があります。

　「ただちに変化させる」場合は、楽曲の途中で「テンポの指定（5章）」をし直す場合もあります。しかし、前のテンポと比べて変化させる場合には「più（ピゥ）」や「meno（メーノ）」が使われます。「più」には「より増して」、「meno」には「より減らして」という意味があり、速さを表す言葉と組み合わせて使います。

　また、元のテンポに戻すには「a tempo」や「Tempo I」を使います。よく使われるものを以下にまとめました。

ただちに変化させる指定

「今までより速く」という指定	più mosso（ピゥ・モッソ）	「動き（mosso）を増して」
	più allegro（ピゥ・アレグロ）	「より快速に」
	meno lento（メーノ・レント）	「遅さ（lento）を減らして」
「今までより遅く」という指定	meno mosso（メーノ・モッソ）	「動きを（mosso）減らして」
	meno allegro（メーノ・アレグロ）	「より快速でなく」
	più lento（ピゥ・レント）	「遅さ（lento）を増して」

次第に変化させる指定

次第に速くする指定	accelerando（アッチェレランド）　略してaccel.	「徐々に速めて」
	stringendo（ストリンジェンド）	「次第に急迫して」
次第に遅くする指定	ritardando（リタルダンド）　略してrit.	「徐々に遅くして」
	rallentando（ラレンタンド）　略してrall.	「徐々に遅くして」

元のテンポに戻す

a tempo（ア テンポ）	「元の速さで」
Tempo I（テンポ・プリモ）	「最初の速さで」

※これらテンポに関わる指定は、一般的に五線の上側に書き込まれます。

56 テンポの変化(その2)

演奏者にテンポを委ねることもある

　テンポの変化のうち、「テンポの変化(その1)」で紹介したもの以外に、重要なものを2つ紹介しておきます。

★「fermata (フェルマータ)」★

　フェルマータには「終止」という意味があります。フェルマータのマークが付いた場所では、立ち止まるように音を伸ばします。立ち止まる長さは曲調などにもよりますが、音符の長さの2〜3倍くらいが目安となるでしょう。この記号はテンポに関わるものですが、五線の上ではなく、通常「音符の棒の反対側」に書き込まれます。

★「tempo rubato (テンポ・ルバート)」★

　「tempo rubato (テンポ・ルバート)」とは、演奏者が「テンポを自由に加減して演奏する」という指定です。この指定があったら、演奏者の気分でテンポを揺らして演奏します(「rubato」とだけ書かれることもあります)。

　逆に「正確なテンポで演奏する」という指定は「tempo giusto (テンポ・ジュスト)」と指定します。

●フェルマータとテンポ・ルバート

フェルマータの付いた音から元のテンポに戻る場合は「a tempo」の指定をすることがあります。

57 テンポと音量の合わせ技

同時に起こるとドラマチックな効果になる

　楽曲の「速さ（テンポ）」と「強弱」が同時に変化すると、非常にドラマチックな効果を生み出します。たとえば「次第に速めながら、次第に強く」や「次第に遅くなりながら、次第に弱く」などが代表的なものです。

　通常は「テンポ変化の指定」と「強弱変化の指定」の間にイタリア語で「e（英語ではandの意）」を入れて、「rit. e dim.」（次第に遅めながら、次第に弱く）のように書かれています。しかし、中には一つの言葉でテンポと強弱を組み合わせた意味を持つものもあります。文学的で心情が伝わるものも多くありますので、いくつか紹介します。

「rit.」＋「dim.」（次第に遅めながら、次第に弱く）

morendo（モレンド）「命の絶えるように」
calando（カランド）「次第に穏やかに」
smorzando（ズモルツァンド）「ろうそくの火が消えるように」
perdendosi（ペルデンドシ）「次第に消え入るように」

「rit.」＋「cresc.」（次第に遅めながら、次第に強く）

allargando（アラルガンド）略してallarg.「次第に幅広く」※

※「allargando」は、強弱変化を伴わないテンポ変化「次第に遅めながら」という意味で使われることもあります。

58 気持ちを伝える発想標語

言葉で音楽性を伝えられる

「発想標語」は豊かな音楽性を伝えるための言葉です。これらの言葉の意味を知ることで、譜面から豊かな音楽性を読み取れるでしょう。また、演奏者はこれらの言葉に敏感に反応してくれますので、的確に使うと非常に効果的です。とくによく目にするものを中心にピックアップしました。

なお、発想標語は、基本的に五線の下に書かれます。これらの中には、テンポの指定に用いられるものもありますが、それらは一般的に五線の上に書き込まれます。

標語	読み	意味
animato	(アニマート)	生き生きと
agitato	(アジタート)	激しく
amabile	(アマービレ)	愛らしく
apassionato	(アパッショナート)	熱情的に
arioso	(アリオーソ)	歌うように
calmando	(カルマンド)	静かに、穏やかに
cantabile	(カンタービレ)	歌うように
con brio	(コンブリオ)	生き生きと
dolce	(ドルチェ)	優しく、やわらかに
espressivo	(エスプレッシーヴォ)	表情豊かに
grave	(グラーヴェ)	重々しく
grazioso	(グラツィオーソ)	優雅に、気品を持って
lamentabile	(ラメンタービレ)	悲しげに、痛ましく
leggiero	(レッジェーロ)	軽く、軽快に
marciale	(マルチアーレ)	行進曲風に、勇壮に
misterioso	(ミステリオーソ)	神秘的に
pesante	(ペザンテ)	重々しく
risolute	(リソルート)	決然と
scherzando	(スケルツァンド)	戯れるように
sostenuto	(ソステヌート)	音を十分に保って
tranquillo	(トランクイッロ)	穏やかに、静かに
veloce	(ヴェローチェ)	急いで
vivo	(ヴィーヴォ)	活発に

59 さらに気持ちを付け加える付加語

豊かなイメージを生み出せる

「ニュアンスを表す言葉＆記号」や「気持ちを伝える言葉」などに付加して、より一層豊かなイメージを生み出す言葉があります。とくによく目にする便利なものをピックアップしてみました。これらの言葉の意味がわかると、楽譜からたくさんの情報を得られるでしょう。付加語は、テンポに関わるものは五線の上に、そのほかのものは五線の下に書き込まれるのが一般的です。

標語	読み	意味	使用例
alla	（アッラ）	〜風に	alla marcia（マーチ風に）
assai	（アッサイ）	十分に	allegro assai（十分に快速に）
con	（コン）	〜をもって	con moto（動きをもって）
molt	（モルト）	きわめて	molt lento（きわめて遅く）
ma	（マ）	しかし	Lento ma non tanto（遅く、しかし、はなはだしくなく）
non troppo	（ノン・トロッポ）	はなはだしくなく	allegro ma non troppo（快速に、しかし、速すぎないように）
non tanto	（ノン・タント）	はなはだしくなく	lento ma non tanto（遅く、しかし、はなはだしくなく）
poco un poco	（ポーコ） （ウン・ポーコ）	少し	poco dim.（少しだけ、次第に小さくして）
poco a poco	（ポーコ・ア・ポーコ）	少しずつ、徐々に	poco a poco cresc.（少しずつ、次第に強くして）
sempre	（センプレ）	常に	sempre staccato（常に、音を短く切って）
senza	（センツァ）	〜しないで	senza sordino（弱音器を付けないで）
simile	（シーミレ）	同様に（略してsim.）	simile legato（同様に滑らかに）

※音のニュアンス（スタッカートやテヌートなど）や奏法（サスティンペダルのオン／オフなど）を、その後も同様に続けてほしいときなどにも「simile」と書き込みます。

subito	（スービト）	直ちに（略してsub.）	sub. f（f sub.）（直ちに強く）

難しそうなリズムも簡単に読めるようになるには？

～1拍ずつにバラしてリズムを把握しよう！～

　16分音符が混じり、それらがタイで連なった複雑そうなリズムを読むのが苦手な人は多いでしょう。しかし、そのようなリズムはポップスの歌のメロディなどでもよく見かけます。歌ってみると自然なフィーリングだけれど、音符で書いてみると複雑そうに見えるリズムになってしまうのです。

　しかし、そんなリズムも1拍ずつ整理して捉えてみれば、混乱せずに読むことができます。1拍に16分音符が混ざった場合、6通りのリズムが生まれます。この6つに慣れれば、それらが連なって一見複雑に見えるリズムも怖くなくなるハズです。難しそうに見えるリズムは、バラしてシンプルに捉えるのが攻略のコツなのです。

● 16分音符が混ざった「6つのリズム」

　　タタタタ　　タータタ　　タタター　　ターータ　　タター―　　タタータ

9章 拍子とリズム1 基本

楽曲のリズムを作り出す拍子のバリエーションや
拍子の数え方、ルールをご紹介します。

60 拍子の基本となる「単純拍子」

2拍子、3拍子、4拍子が基本になる

　拍子の中でも2拍子、3拍子、4拍子の3つは「単純拍子」と呼ばれます。これらはさまざまな拍子の基本となる存在です。その楽曲が何拍子かを知るには拍子記号の分子の数字を見ましょう。

　また、分母は一拍の単位になる音符の長さを表しています（P.32）。拍子記号の「分母が4、分子が3」の拍子ならば「1拍の単位が4分音符の3拍子」を表していて、呼び名は「4分の3拍子」となります。

　拍子は「音楽の中の強さの周期」を表しています。たとえば3拍子ならば、3拍に1回強いところがあるのです。このように、各拍子では強い拍と弱い拍が生まれます。強い拍のことを「強拍」、弱い拍のことを「弱拍」と呼びます。また、強拍と弱拍の間の拍のことを上拍と呼びます。拍の強さを不等号で表すと「強拍＞弱拍＞上拍」となります。

● 3つの単純拍子と各拍

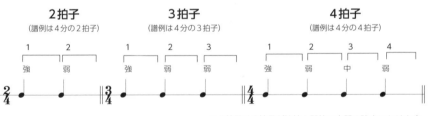

※4拍子は3拍目が強拍と弱拍の中間の強さになります。

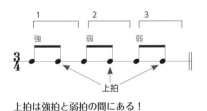

上拍は強拍と弱拍の間にある！

「4分の4拍子」と「2分の2拍子」は「C」を使って表すことがあります。

61 3拍子が集まった「複合拍子」

3拍子が集まるとしなやかな拍子になる

　「3拍」の塊が単位となり、それを複数連ねて作った2拍子、3拍子、4拍子があります。3拍子がいくつか集まって拍子ができているので、このような拍子を「複合拍子」と呼びます。

　複合拍子は、拍子記号の分子にくる数（拍子の数）が3の倍数になります。2拍子系では「3+3=6」、3拍子系では「3+3+3=9」、4拍子系では「3+3+3+3=12」となります。

　複合拍子では、拍の単位となる音符（3拍の塊を作る音符）に8分音符※を使うことが一般的です。

　拍子の呼び方は、8分音符が拍子の基本の拍になる場合、2拍子系では「8分の6拍子」、3拍子系は「8分の9拍子」、4拍子系は「8分の12拍子」となります。

※拍子の基本になる音符の長さ（拍子の分母）には、8分音符以外にも4分音符や16分音符などが使われることがあります。

● 3拍のかたまりが1拍の単位になる3つの複合拍子
※8分音符が拍子の基本の拍になる拍子の例です。

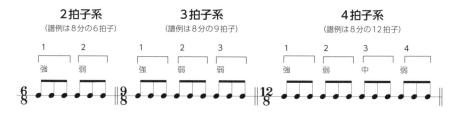

62 スリリングな「変拍子」

名曲にも使われている変わり者

　変拍子とは、単純拍子を組み合わせて作った拍子です。

　変拍子の中でも、代表的なのものは「5拍子」と「7拍子」です。5拍子では「2拍子＋3拍子」「3拍子＋2拍子」などがあります。7拍子では「3拍子＋4拍子」「4拍子＋3拍子」「2拍子＋3拍子＋2拍子」などがあります。

　組み合わせる単純拍子の順番はとても大事です。なぜなら拍子の順番によって強拍と弱拍の位置が違ってくるからです。また、稀に「4分の3拍子＋8分の3拍子」のように、分母の違う拍子が組み合わされるケースもあります。変拍子が使われている楽曲には、ジャズの名曲「Take Five」(5拍子)や、ムソルグスキーの「展覧会の絵」より「プロムナード」(冒頭5拍子と6拍子が交互に入れ替わる)などがあります。

●いろいろな5拍子

●いろいろな7拍子

63 滑らかな出だしを作る「弱起」

音楽は始まるタイミングで印象が違う

　拍子には、拍の位置によって強いところと弱い所「強拍、弱拍、上拍（P.80）」があります。音楽は、このうちのどの拍から始まるかによって、印象が大きく変わってきます。強い拍（強拍）から始まると、決然としてカッチリした印象を与えます。強拍から始めることを「強起」と呼びます。しかし、強拍以外の拍、たとえば「弱拍」や「上拍」から始めると、強起のときとは一転して「自然で滑らかな印象」を生み出します。このように弱い拍で始まることを「弱起（アウフタクト）」と呼びます。

　楽曲を弱起で始める場合、冒頭に弱起で始まる音だけが書かれる「不完全な小節（拍子分の長さのない小節）」が使われることがあります。このような場合、最後の小節を弱起分だけ短い「不完全小節」にする慣習があります。

※最後の小節を不完全にしない場合もあります。

● 強起

● 弱起

● 冒頭の不完全小節と最終小節

64 「シンコペーション」ってナニ？

強と弱が入れ替わるとスリリングになる

拍子には、「強拍、弱拍、上拍（P.80）」があります。この強い拍と弱い拍の位置が入れ替わることを「シンコペーション」と言います。「シンコペーション」は、音符がタイで繋がれたときに起こります。繋がれた後ろの拍の強さが、繋がれた前の拍に移ってくるのです。

強い拍に休符が入っても「シンコペーション」は起こります。その場合、休符の位置にあった強さが、その直後の音符の位置に移ります。

また、アクセントの記号（P.68）によって意図的に作り出す「シンコペーション」もあります。この場合、弱い拍にアクセント記号を付けて、人工的に強弱を入れ替えます。

●タイによるシンコペーション

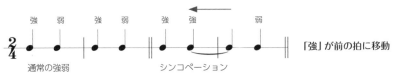

●休符によるシンコペーション

●アクセントによる意図的なシンコペーション

10章 拍子とリズム2 ポップス

ここでは、ポップスでよく使われるビートの
パターンや、その特徴をご紹介します。

65 ビートの種類1「8ビート」

シンプルで幅広く使われるリズム

　8beat（エイト・ビート）は、ポップスなどで使われるリズム・パターンの呼び名です。リズム・パターンとは、リズムを担当する楽器「ドラムセット（P.27）」によって繰り返し演奏されるリズムのことです。このリズムの特徴によって楽曲のノリが決まるため、beat（ビート）の要素は大変重要です。8beatの「8」は8分音符のことを指しています。つまり、リズムの骨組みとなる重要なビートが、小節内の8分音符のタイミングに来るリズム・パターンなのです。

　4分の4拍子では、1小節の中には8つの8分音符が入るので、1小節の中には最大で8つの「重要なアクセント」の場所があります。

　8beatは、1小節内に8つというシンプルなリズムの骨組みを持つため、ストレートでわかりやすいリズムです。しっとりとしたバラードから、元気なアップテンポの楽曲まで幅広く使われます。

●8分音符

8beatでは8分音符の位置に重要なビートがくる！

●8beatのリズムの例

66 ビートの種類2「16ビート」

しなやかで大人っぽい雰囲気のリズム

　16beat（じゅうろく・ビート）は、「8beat」と同じくポップスなどで使われるリズム・パターンの呼び名です。16beatの「16」は16分音符のことを指しています。つまり、リズムの骨組みとなる重要なビートが、小節内の16分音符のタイミングに来るリズム・パターンなのです。

　4分の4拍子では、1小節の中には16個の16分音符が入ります。つまり、1小節の中には最大で16もの「重要なアクセント」の場所があります。

　そのため16beatは、複雑なリズムを作り出すことができます。8beatと比べると、ずっとしなやかで大人っぽい雰囲気を持っています。

●16分音符

16beatでは16分音符の位置に重要なビートがくる！

●16beatのリズムの例

67 ハネたリズム

リズミカルでノリのいいリズム

　8beat(エイト・ビート)や16beat(じゅうろく・ビート)は、リズムが「ツ・ツ・ツ・ツ」と均等なリズム・パターンです。一方で、スキップしたときのように「ツッツ・ツッツ」と2:1の長さで不均等に刻むリズム・パターンがあります。このようなリズムのことを「ハネたリズム」と呼びます。ハネたリズムには8beatを基本として、8分音符の刻みを2:1にしたものと、16beatを基本として16分音符の刻みを2:1にしたものの2種類があります。

　ハネたリズムは英語では「バウンス(bounce)」と呼ばれます。8ビートを基本にしたハネたリズムの中には、テンポ感のいい「シャッフル(shuffle)」と呼ばれるものもあります。

※ハネ具合は、曲のノリによって変化します。「2：1」と「1：1」の中間の緩いハネ具合の曲もあります。

●ハネたリズムとは？

●ハネたリズムの簡単な表し方

冒頭に「ハネたリズムの指定」をすれば、簡単にハネたリズムを表すことができます。

音程の数え方

2つの音の高さの幅のことを「音程」といいます。
ここでは、音程を数える際のルールをご紹介します。

68 音程の単位は「度」

音名で数えた数が、音程を表す幅になる

　2つの音の高さの幅を表す単位は「度」です。数え方は非常に簡単で、ドとその上にあるソなら、「ド・レ・ミ・ファ・ソ」と数えて音名が「5つ」ですから、その音程は「5度」となります。ちなみに、一番狭い音程は「同じ高さの音同士」です。「ド」と同じ高さの「ド」なら、「1度」となります。

　音程の数え方には落とし穴もあります。同じ「ドとソ」でも上下の位置関係が違うと音程も違ってくるのです。ドとその上のソでは「ド・レ・ミ・ファ・ソ」と数えて5つですから「5度」になりますが、ドとその下のソでは、下向きに「ド・シ・ラ・ソ」と数えて4つなので「4度」になるのです。

　「度」で表す音程の幅は、和音の構造やコードネーム、調を把握するのに大事な要素です。

●音程の数え方　音名で数えた数が、幅を表す数字になる！

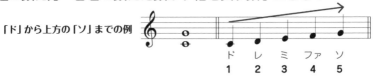

●音程の数え方　上下関係が変わると音程も替わる！

69 音程の単位「オクターブ」

それは、次に同じ音名が登場する音程

　音名で「ド・レ・ミ・ファ・ソ・ラ・シ・ド」と数えていって、再び同じ音名が登場する音程（8度）のことを「1オクターブ」と呼びます。

　音名を数えていって、同じ音名が2回登場した場合は「2オクターブ」、3回登場した場合は「3オクターブ」となります。「オクターブ」は、音程のきりの良い幅を表す「単位」としてとても便利な存在なのです。

　1度から8度（1オクターブ）までの音程のことを「単音程」と呼びます。それより広い9度以上の音程は、オクターブを下げると「9度→2度」のように単音程で表すことができます。このようにオクターブより広い音程のことを「複音程」と呼びます。

　複音程は単音程に直して呼ばれることが多いのですが、「9度（1オクターブ＋2度）」「10度（1オクターブ＋3度）」「11度（1オクターブ＋4度）」「13度（1オクターブ＋6度）」の4つはよく使われます。

70

「完全」と「長・短」

音程には、2つの種族がある

　音程には「完全」を付けて呼ぶものと、「長」もしくは「短」を付けて呼ぶものの2つの種族があります。

　「完全」を付けて呼ぶものは「1度、4度、5度、8度」の4つです。「長」もしくは「短」を付けて呼ぶものは「2度、3度、6度、7度」の4つです。

　「完全」を付けて呼ぶものは、2つの音を同時に鳴らしたときに非常によく融け合って響きます。そのため「完全協和音程」と呼ばれます。「長」もしくは「短」を付けて呼ぶものは、そこそこ融け合って響く音程の「不完全協和音程（3度と6度）」と、うまく響き合わない「不協和音程（2度と7度）」に分けられます（長と短の違いは次項参照）。それぞれの音程の特徴は、2つの音を同時に鳴らして響き合わせてみると、明確に感じられるはずです。ぜひ鳴らして確認してみましょう。

● 音程における2つの種族

　★「完全」を付けて呼ぶ音程の仲間「1度、4度、5度、8度」
　★「長」もしくは「短」を付けて呼ぶ音程の仲間「2度、3度、6度、7度」

● 響き方は3つに分類される

完全協和音程	不完全協和音程	不協和音程
完全1度	短3度	短2度
完全4度	長3度	長2度
完全5度	短6度	短7度
完全8度	長6度	長7度

71

音程に付く「長」と「短」

同じ度数でも幅の違う音程がある

　「長」もしくは「短」を付けて呼ぶ音程には、音名で数えたときに同じ度数でも、その間隔を半音で数えると違う幅のものがあります。「長」と「短」とはその幅の違いを表す言葉です。

　ピアノ鍵盤の白鍵「ド〜ミ」と「レ〜ファ」は同じ3度です。しかしその間隔は黒い鍵盤を含めて数えてみると幅が違うことがわかります。

　半音の数の数え方は、音程（度）の数え方と違って、出だしの鍵盤は数えずに、到達音までいくつ鍵盤があるかを数えます。「ド〜ミ」の間隔は「黒（ド♯）、白（レ）、黒（レ♯）、白（ミ）」の半音4つ。「レ〜ファ」の間隔は「黒（レ♯）、白（ミ）、白（ファ）」の半音3つ。半音4つの方が「長3度」、半音3つの方が「短3度」と呼ばれます。

　この2つは音の響きも違います。2度、3度、6度、7度、の長短それぞれの半音の幅を以下にまとめました。

●半音での数え方

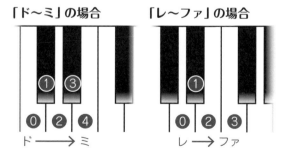

半音で数えると「ド〜ミ」の長3度は「4つ」、「レ〜ファ」の短三度は「3つ」になる！

●半音の幅

短2度	=	1半音
長2度	=	2半音
短3度	=	3半音
長3度	=	4半音
短6度	=	8半音
長6度	=	9半音
短7度	=	10半音
長7度	=	11半音

72

音程に付く「増」と「減」

「完全」の付く音程にも幅の違いがある!?

「完全」の付く音程にも幅の違いを表す言葉があります。それが「増」と「減」です。ピアノ鍵盤で、「ド～ソ」の5度の幅を半音で調べてみましょう（半音での数え方はP.93）。「ド～ソ」は「黒（ド♯）、白（レ）、黒（レ♯）、白（ミ）、白（ファ）、黒（ファ♯）、白（ソ）」の7半音です。7半音の幅の5度を、完全協和音程（P.92）の「完全5度」と呼びます。完全の付く音程の半音の数を表にまとめました。

しかし、同じ鍵盤でも「シ～ファ」では「白（ド）、黒（ド♯）、白（レ）、黒（レ♯）、白（ミ）、白（ファ）」の6半音と、完全5度より1半音狭い音程です。このように「完全」より1半音狭い音程には「減」を付けて「減5度」と呼びます。逆に、「完全」より一半音広い「半音8つの5度（『ドからソ♯』など）」には「増」を付けて「増5度」と呼びます。

「増と減」は、長短の付く音程にも使われます。「長」より1半音広い音程には「増」、「短」より1半音狭い音程には「減」を付けて呼びます。

● 「完全」の付く音程の半音の数

完全1度 =	0半音
完全4度 =	5半音
完全5度 =	7半音
完全8度 =	12半音

● 「完全」「長短」「増減」の関係表

狭い ←――――→ 広い

長・短の付く音程
2、3、6、7度

短 ←半音→ 長

減 ←半音　　　半音→ 増

完全の付く音程
1、4、5、8度

12章 スケール（音階）を見分けるコツ

スケール（音階）とは「音の通り道」のことです。
ここでは、音階を見分けるためのコツをご紹介します。

73 明と暗を表す「長調」と「短調」

明と暗の違いを作っている原因はナニ？

　ピアノで白鍵だけを使って弾く「ド・レ・ミ・ファ・ソ・ラ・シ・ド」という音階は、朗らかで明るい雰囲気を持つ「長調」です（英：major／メジャー）。しかし、同じ白鍵の3度下を使って弾く「ラ・シ・ド・レ・ミ・ファ・ソ・ラ」という音階は、しっとりとして少し暗い雰囲気を持つ「短調」です（英：minor／マイナー）。

　同じ白鍵を使ったのに、なぜこの明暗の差が生まれたのでしょう？その謎は、ピアノ鍵盤の音の並び方を見てみるとわかります。

　ピアノの白鍵には「間に黒が挟まる半音2個の場所」と「白同士が隣り合う半音1個の場所」があり※、この幅の違いの並び方によって「明と暗」という調のキャラクターを決めているのです。

※ピアノ鍵盤のとなりの鍵盤までを「半音」と呼びます。「半音」は2つ合わさると「全音」と呼ばれます。

●鍵盤で見た音階の並び方

⌒＝半音2つ分　∨＝半音1つ分

「長調の音階」

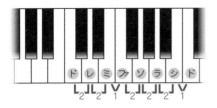

ドの音（日本の音名「ハ」）から始まる「ハ長調」（英「C major」、独「C dur」）。音階の並びは、半音で数えて「2212221」となります。

「短調の音階」

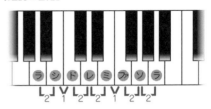

ラの音（日本の音名「イ」）から始まる「イ短調」（英「A minor」、独「A moll」）。音階の並びは、半音で数えて「2122122」となります。

74 「調号」の見方

難解に見える「調号」が一発でわかるコツ

長調の音階の並びを半音の間隔で表すと、「2212221」となります（前項参照）。「ド」から始めた場合は、ピアノの白鍵のみを使えば良いのですが、「ド」以外の音から始めた場合はところどころで「黒鍵」を通ることになります。「調号」とはド以外の音から長調の音階を始めたときに、どこで黒鍵を使うかを表した「早見表」のようなものなのです※。

調号には、指定した音を半音高くする記号「♯（シャープ）」を使った「♯系」と、指定した音を半音低くする記号「♭（フラット）」を使った「♭系」があります。

「♯系」は「ファ・ド・ソ・レ・ラ・ミ・シ」の順で「♯」が増えていきます。「ファ」から始まって5度上の音に増えていくと覚えましょう。♯系の調号は一番右側に付いた♯の一つ上（2度上）の音から始まる「長調」を表しています。

「♭系」は「シ・ミ・ラ・レ・ソ・ド・ファ」の順で「♭」が増えていきます。「シ」から始まって4度上の音に増えていくと覚えましょう。♭系の調号は一番右側に付いた♭の5度上の音から始まる「長調」を表しています（すべての調の調号はP.34参照）。

※長調と同じ調号で表す「短調」のことを「平行短調」と呼びます。平行短調は、長調の短3度下の音が開始音です。

● ♯系の音階の例
「ニ長調」（英：D major）

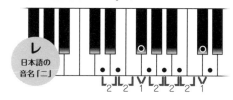

● ♭系の音階の例
「変ロ長調」（英：B♭ major）

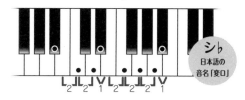

⊔=半音2つ分　∨=半音1つ分

75 短調の音階の種類

用途に合わせて変化する短調の音階

短調の音階は、その並びを半音の間隔で表すと「2122122」となります（P.96）。これを「自然短音階」と呼びます。短調では、この音階を元にして、2種類のバリエーションがあります。和声（和音の連結）で用いられる「和声短音階」と、メロディの動きに使われる「旋律短音階」です。音階の各音は、開始音を「Ⅰ」として「Ⅶ」までローマ数字を割り当てて呼びます。

● 自然短音階

★ 和声短音階 ★

音階のⅦの音が、変化記号で半音高くなります。和声法では短調の半音上げられたⅦの音が「導音」と呼ばれ、Ⅰ（主音）に進む重要な働きをするためです。

★ 旋律短音階 ★

行きはⅥとⅦが変化記号で半音高くなり、帰りは自然短音階に戻ります。上行の変化記号は、和声短音階で半音高められたⅦ音とⅥ音の段差をなくすための処置です。帰りはⅦ音はⅠに進まないので、元の高さに戻り、それにつられてⅥ音も元の高さに戻ります。

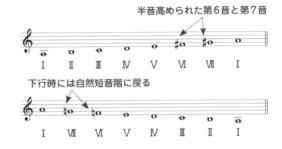

76 不思議な響きの「教会旋法」

「長調」でも「短調」でもない音階がある

鍵盤の上には、長調と短調以外にもあと5つ、違った間隔の並び方があります。それは、白い鍵盤上で、ド（長調）とラ（短調）以外の音から始まる音階達です。

これらはすべて「半音の間隔の並び」が異なるので、どれも違った雰囲気を持っています。ドとラから始まるもの以外は「長調」でも「短調」でもない、不思議な響きを持っている音階なのです（下図）。これらの音階は、8世紀ごろからヨーロッパの教会の音楽で使われたことから「教会旋法」と呼ばれます。

●長調と短調にも教会旋法の呼び名がある

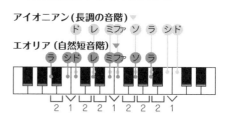

●長調でも短調でもない音階たち

ドリアン（「レ」から始まる音階）

フリジアン（「ミ」から始まる音階）

リディアン（「ファ」から始まる音階）

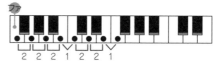

ミクソリディアン（「ソ」から始まる音階）

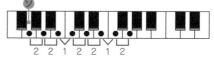

ロクリアン（「シ」から始まる音階）

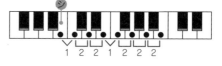

⌴＝半音2つ分　∨＝半音1つ分

5音の音階「ペンタトニック・スケール」

「歯抜け」にすると独特の雰囲気が生まれる

　長調や短調、教会旋法などの音階は、1オクターブの間に7つの音がありました。この7つの音のうち2つの音を抜いてしまった5音の音階「ペンタトニック・スケール」があります。7つの内2つが欠けてしまった音階ですが、不思議なことに2つ抜いたことで、「独特の雰囲気」を生み出します。代表的なものを3種類ほどピックアップしました。

★ スコットランドの音階 ★

…抜けた音

　スコットランド民謡などで使われるため、日本人の耳にもよく馴染んだ音階です。これは長調の音階のⅣとⅦを抜いたもので、ⅣとⅦがないので俗に「ヨナ抜き」とも呼ばれます。

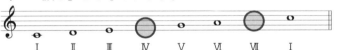

★ 日本的なしっとり系の音階 ★

　「短調」の自然短音階を「ヨナ抜き」にしたものです。日本の童謡や演歌などでもよく耳にする音階です。この音階でメロディを作ると、短調とも一味違った雰囲気が生まれます。

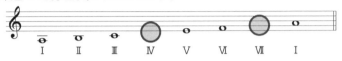

★ 琉球の音階 ★

　長調の音階からⅡとⅥを抜いた音階です。不思議なことに、この音階で演奏するとどんなメロディも沖縄の音楽になってしまいます。

13章 和音の種類を見分けるコツ

ここでは代表的な和音の種類や呼び名、
和音を構成する音などを紹介します。

78

4つの「三和音」

それぞれの独自のキャラを持つ和音

「和音(コード)」とは、3つ以上の異なる高さの音が響き合ったものです。

和音の基本となるのは3つの音からなる「三和音(トライアド)」です。三和音は一番下の音の上に3度ずつ2つの音を積み重ねて作ります。

一番下の音を「根音(ルート)」、その3度上の音を「第3音(サード)」、一番上の音、つまり根音から5度上の音を「第5音(フィフス)」と呼びます。

三和音には、構成音の3度の間隔の違いから4つの種類があります。それぞれの響きには特徴的なキャラクターがあります(右図参照)。

●三和音の構成音の呼び名

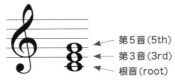

長三和音=明るく朗らかな響き

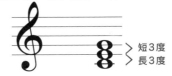

短三和音=しっとりとして暗い響き

減三和音=怪しく不安定な響き

増三和音=浮遊感があり不思議な響き

79

七の和音

4つの音でできたカッコ良い響きの和音

　「三和音」(前項)の第5音の3度上に、さらにもう一つ音を積み重ねた、4つの音からなる和音があります。4つめの音は、根音の7度上に積まれることから「第7音(セブンス)」と呼ばれ、そのことから「七の和音(セブンス・コード)」と呼ばれます。

　七の和音の響きの基本となるのは、4種類の「三和音」です。4つの三和音から派生する9種類を紹介しましょう。

●七の和音の構成音

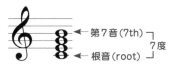

●長三和音＋短7度
通称「属七の和音」

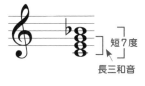

●長三和音＋長7度
通称「長七の和音」

●短三和音＋短7度
通称「短七の和音」

●短三和音＋長7度

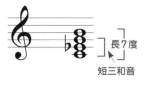

●増三和音＋長7度

●増三和音＋短7度

●減三和音＋短7度

●減三和音＋長7度

●減三和音＋減7度
通称「減七の和音」

80

九の和音

5つの音でできた複雑な響きの和音

「七の和音」(P.103)の第7音の3度上に、さらにもう一つ音を積み重ねた、5つの音からなる和音があります。5つめの音は、根音（ルート）の9度上に積まれ

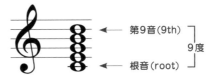

●九の和音の構成音

ることから「第9音（ナインス）」と呼ばれ、そのことから「九の和音（ナインス・コード）」と呼ばれます。

「九の和音」の響きの基本となるのは、9種類の「七の和音」から「減七の和音」を除いた8種類の「七の和音」です。「九の和音」の第9音は、根音から「長9度」上に積まれるのが基本です。「属七の和音（長三和音＋短7度）」のときだけ、根音の「長9度上」に加えて、「短9度上」と「増9度上」を積む（追加する）ことができます。

●代表的な九の和音

「長七の和音＋長9度」と「短七の和音＋長9度」（通常「第9音」は根音の長9度上に置かれます）

属七の上には3種類の第9音を積むことができます（「長九の和音」「短九の和音」と「♯ナインスの和音」）

81 ちょっと変わった和音

よく耳にするちょっと変わった和音達

　ここまで紹介した和音はすべて根音（ルート）の上に「3度」の間隔で音を積み上げて作られていました。しかし和音の中にはそうでないものもあります。そんな変わった和音の中からよく使われるものを4つ紹介します。

●「SUS4（サス・フォー）」の和音

「長三和音」もしくは「短三和音」の時、3段積みの真ん中の音（第3音）が一つ上の音にズレた状態の和音です。和音の響きを決める「第3音」が本来いるべき場所にいないため、不安定な響きを持っています。このような状態は「七の和音」の「第3音」でも見られます。

●「パワーコード」

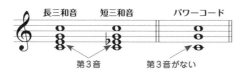

「長三和音」もしくは「短三和音」の第3音がない和音があります。第3音がないために「長三和音」も「短三和音」も同じ和音になってしまいます。「力強い響き」が特徴で「パワーコード」と呼ばれます。ロックなどで多用される和音です。

●「オン・コード」

一番下の音に根音以外の音や、和音構成音以外の音が鳴る和音のことです。一番下にルート以外の構成音が来る場合は不安定な響きになり、構成音以外の音が来る場合は複雑な響きがします。

●「付加6」の和音

「長三和音」と「短三和音」には、第7音（セブンス）の代わりに根音（ルート）の長6度上の音（シックスス）を加える事があります。七の和音と比べると柔らかい響きがします。

たくさんのパートがある楽曲の譜面を楽しむコツ

～標的をひとつに絞って追いかけよう！～

　オーケストラのように多くのパートが登場する楽曲では、たくさんの五線が積み重なって、すべてを目で追うのは大変困難です。

　実際はそこまでパートが多くなくても、楽曲を聴きながら複数のパートが登場する楽譜を目で追うのは、慣れないうちはなかなか難しいでしょう。

　無理して全体に目を向けようとすると「二兎を追う者は一兎をも得ず」ということになりかねません。

　そんなときは、目立つパートに目標を絞って追いかけましょう。オーケストラなどでも、慣れないうちはメロディを担当している五線を渡り歩きながら読むと良いでしょう。大切なのは、譜面に慣れ親しむことです。無理をせずにできる範囲で、日頃からたくさんの楽譜に触れてほしいと思います。それが楽譜を読めるようになる最大のコツといえるかもしれません。

14章 コードネームの読み方

数多くあるコードネームの読み方や書き方をご紹介します。
規則がわかれば、すべて覚えなくても
コードネームを理解できるようになるでしょう。

82 「三和音」のコードネーム

コードネームの基本となる表記

ジャズやポップスでは、五線の上にアルファベットの記号が書き込まれます。このアルファベットは「どんな和音を使うのか」を表す「コードネーム」です。「英語の音名」(P.47) は和音の「根音（ルート）」(P.102) を表していて、そこに数字や文字を書き込むことによって、あらゆる和音をシンプルに表すことができます。五線に音符を書き込むことなく、素早く的確に和音を表せるので、大変便利な存在です。

コードネームの基本は、4種類の「三和音（トライアド）」です。決まりは簡単です。まず和音の根音（ルート）の音名を大文字で書き、あとはその右側に記号や数字を書き込みます。各和音の読み方は以下の通りです。コードネームの表記には厳格な規定はありません。ここでは、広く通じる「標準的な書き方」を紹介します。

●「三和音」のコードネームの表記

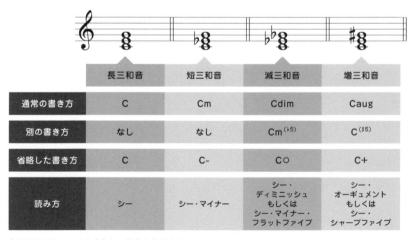

	長三和音	短三和音	減三和音	増三和音
通常の書き方	C	Cm	Cdim	Caug
別の書き方	なし	なし	Cm(♭5)	C(♯5)
省略した書き方	C	C-	C○	C+
読み方	シー	シー・マイナー	シー・ディミニッシュ もしくは シー・マイナー・フラットファイブ	シー・オーギュメント もしくは シー・シャープファイブ

※♭5や♯5はカッコでくくらない場合もあります。

83 「七の和音」のコードネーム

カッコ良い響き「セブンス・コード」の表記

　「七の和音（セブンス・コード）」（P.103）のコードネームは、4種類の三和音（トライアド）の記号に「7」を書き込みます。第7音が根音（ルート）の短7度上の場合は、「7」をコードネームの右側に書き込みます。第7音が根音（ルート）の長7度上の場合は、「M7」「Maj7」「maj7」「△7」をコードネームの右側に書き込みます※。

　大事なのは、「7」の表記は、カッコでくくって記入した「(♭5)」や「(♯5)」より左側に記入することです。たとえば、根音（ルート）が「ド（C）」の「減3和音＋短7度」の場合のコードネームは、「Cm7(♭5)」となります。また、減三和音の「Cdim」に「7」を付けた「Cdim7（減七の和音）」場合のみ、「7」は短7度ではなく、減7度の意味になります。

※長7度の音の場合、流儀によって何種類もの書き方があります。

●セブンス・コードのコードネーム

コードネーム	和音の構造	読み方
C7	長三和音＋短7度（属七の和音）	シー・セブン
CM7	長三和音＋長7度（長七の和音）	シー・メジャー・セブン
Cm7	短三和音＋短7度（短七の和音）	シー・マイナー・セブン
CmM7	短三和音＋長7度	シー・マイナー・メジャー・セブン
Caug7	増三和音＋短7度	シー・オーギュメント・セブン
CaugM7	増三和音＋長7度	シー・オーギュメント・メジャー・セブン
Cm7(♭5)	減三和音＋短7度	シー・マイナー・セブン・フラットファイブ
CmM7(♭5)	減三和音＋長7度	シー・マイナー・メジャー・セブン・フラットファイブ
Cdim7	減三和音＋減7度（減七の和音）	シー・ディミニッシュ・セブン

84 テンション・ノート

和音に緊張感を生み出す音の表記

　根音（ルート）から長7度以上離れた音のことを「テンション・ノート」と呼びます。ここでは、根音から9度上の「第9音（9th）」、11度上の「第11音（11th）」、13度上の「第13音（13th）」を紹介します。

　第9音は、通常「七の和音」に加えられる音です。長9度は「9」、短9度は「♭9」、増9度は「♯9」と表記します。9thを表す数字はコードネームの「7」の右横にピリオドを打って書き込むか、その右上にカッコでくくって書き込むのが一般的です。三和音（第7音がない状態）に「第9音」を加える場合は、コードネームの右側の「7」を書き込む位置に「add9」と書き込みます。

　11thと13thも通常「七の和音」に加えられる音です。11thは、完全11度[※1]は「11」、増11度[※2]は「♯11」と表記します。13thは属七の和音と減七の和音専用のテンション・ノートです。長13度は「13」、短13度は「♭13」と表記します。複数のテンション・ノートがある場合はカッコの中をピリオドで区切って（9.♯11）のように書き込みます。

※1 コードの基本部分が短三和音、減三和音にのみ使用　※2 コードの基本部分が長三和音、増三和音にのみ使用

●9thのあるコードの表記例

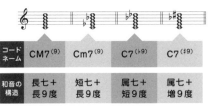

●11thと13thのあるコードの表記例

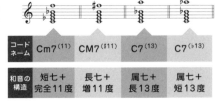

●複数のテンション・ノートがある場合の表記例

85 変わり種コード

ちょっと変わった和音（P.105）のコードネームは？

ちょっと変わった和音「付加6の和音（シックスス・コード）」「サス・フォー」や「パワーコード」「オン・コード」（P.105）などもコードネームで表すことができます。

●サス・フォーの和音

サス・フォーの和音は、ド（C）が根音（ルート）の場合、アルファベットの右側に「sus4」と書き込み「Csus4」（シー・サス・フォー）と表記します。サス・フォーは、七の和音（セブンス・コード）でも使われます。たとえばC7の第3音が短2度上の状態にある和音ならば「C7sus4」となります。

●パワーコード

パワーコードは、「長三和音」もしくは「短三和音」から第3音を抜いた和音です。そこでコードネームに「第3音がない」や「第3音を除いた」という意味をカッコでくくって書き加えるケースをよく目にします。根音が「ド（C）」の場合なら、「C (no 3rd)」「C (omit 3)」などと書かれるのが一般的です。

●オン・コード

オン・コードは、上に乗る和音のコードネームに続いて一番下に来る音名を書き込みます。書き方は2種類あります。一番下の音が「D（レ）」で、その上に「C」の和音が乗っている場合は、onを使って「C onD」と書くか、分数のように「C/D」と表します。

●「付加6の和音（シックスス・コード）」

「七の和音」の第7音の代わりに根音（ルート）の長6度上の音が加えられた和音です。コードネームは「七の和音」の「7」の位置に「6」と書き加えます。付加6の音を加えることができるのは「長三和音」と「短三和音」です。

苦手なコードネームはどう覚える？

～基本となる4種類の三和音（トライアド）を押さえよう！～

　「コードネーム」を覚えるのが苦手だという方は少なくありません。英語の音名である「アルファベット」を覚えるだけでも大変なのに、そこにさまざまな数字や記号が加わってややこしくなり、しかもそれが「和音＝響き」を表しているのですから無理もありません。

　しかし、混乱なく覚えるにはコツがあります。複雑な音を表す数字や記号は後回しにして（つまり、見て見ぬふりをして）、和音の中心構造となる「4種類の三和音（トライアド）」の書き方をしっかり覚えることです。

　たった4つです。この4つがしっかりとわかっていれば基本はできあがり。7thを加える場合はそこに2種類の7th（「7（短7度）」か「M7（長7度）」）を加えます。

　ここまでがわかっていれば大半のコードネームは読めてしまいます。

　そして、これ以上の内容はオプション的な部分になります。あとは「9thを加えたい」とか「11thを加えたい」というような飾り付け的な要素になりますから安心です。

　コードネームを理解するときに重要なのは「三和音（トライアド）」と「第7音（7th）」だと覚えておくとよいでしょう。

15章

覚えると便利な知識

オーケストラに使われる楽器の名前や
読み方に工夫が必要な楽器のことなど、
覚えておくと便利な知識をまとめました。

86 オーケストラに登場する楽器

6つの種類に分類して覚えよう

オーケストラに登場する楽器は、6つのグループに分類してスコアに書き込まれます(P.16)。グループごとにどんな楽器があるのかピックアップしてみました。

木管楽器は、大きさの違う同属の楽器もよく使われます※。また、サクソフォンも木管楽器の仲間ですが、オーケストラで使われることは稀です。

打楽器は、音律のあるもの(=メロディが演奏できる楽器)と音律のないもの(=メロディが演奏できないもの)があります。

打楽器以外の楽器は、スコアに書き込まれる順番に並べています。

※木管楽器のカッコ内の楽器名は同属楽器です。

●オーケストラに登場する楽器達

木管楽器	フルート(ピッコロ、アルトフルート)
	オーボエ(イングリッシュホルン)
	クラリネット(バスクラリネット)
	バスーン(ダブルバスーン)
金管楽器	ホルン
	トランペット
	トロンボーン
	チューバ
打楽器	音律のあるもの
	ティンパニ
	シロフォン(木琴)
	マリンバ(大型の木琴)
	グロッケンシュピール(小型の鉄琴)
	ビブラフォン(大型の鉄琴で、電動で音を揺らす機能があります)
	音律のないもの
	スネアドラム(小太鼓)
	シンバル(2枚の合わせシンバルや、1枚の吊りシンバルなどがあります)
	ベースドラム(大太鼓)
	(そのほかにもトライアングル、タンブリン、鈴、カスタネット、ウッドブロックなど、さまざまな楽器が参加することがあります)
鍵盤楽器	チェレスタ
	ピアノ
ハープ	―
弦楽器(弦楽五部)	第1ヴァイオリン群
	第2ヴァイオリン群
	ヴィオラ群
	チェロ群
	ダブルベース(コントラバス)群

87 楽器の種類と特徴

音の出し方や構造に特徴がある

　オーケストラに登場する楽器は、グループごとに構造や音の出し方に特徴があります。

●**木管楽器**：笛の仲間です。息を吐いて、リードと呼ばれる振動板やエアリード（ビンの口を吹いて音を出すのと同じ）を震わせて音を出す楽器です。材質が金属製であっても、この発音方式を持つ楽器は「木管楽器」と呼ばれます。

●**金管楽器**：ラッパの仲間です。唇の振動で音を作り出している楽器です。「角笛」のように金属でできていない楽器でも、この発音方式を持つ楽器は「金管楽器」と呼ばれます。

●**打楽器**：バチやマレットなどで叩いて音を出す楽器を「打楽器」と呼びます。金属や木製のものや、太鼓のように膜を張ったものなどさまざまなものがあります。

●**鍵盤楽器**：鍵盤を持つ楽器です。この仲間にはピアノをはじめ、チェンバロ、オルガン、チェレスタなどがあります。

●**ハープ**：「弦楽器」の一種ですが、ヴァイオリンの仲間とは音質や用法が大きく異なるので、オーケストラでは挿入楽器として扱われます。「指で弦を弾いて発音する」ことから「撥弦楽器（はつげんがっき）」と呼ばれます。

●**弦楽器**：オーケストラでは、ヴァイオリン属の楽器を「弦楽器」と呼びます。ヴァイオリン、ヴィオラ、チェロ、コントラバスなどがあり、それぞれ複数の人数の「群」でパートを担当します。

88 「ハ音記号」は何に使われる？

見慣れない音部記号「ハ音記号」の活用法

　オーケストラの楽譜を見ると、五線群の一番下にあるグループ「弦楽器群」のヴィオラのパートには見慣れない音部記号（クレフ）「ハ音記号」が使われています（P.31）。「ハ音記号」は記号の中心が「ド（日本語の音名「ハ」）」です。

　この「ハ音記号」は、五線に書き込まれる位置によって4つの音域を表します。このうちオーケストラのスコアでよく用いられるのは、記号の中心が第3線を通る「アルト記号」と記号の中心が第4線を通る「テノール記号」の2種です。「アルト記号」はヴィオラに使われていますが、「テノール記号」は、バスーン、トロンボーン、チェロなどの楽器で、ヘ音記号でカバーしにくい高い音域のときに使われます。

●さまざまな音域を表す「ハ音記号」

ソプラノ記号	メゾソプラノ記号	アルト記号	テノール記号
▲	▲	▲	▲
女性の高い声の音域を表す音部記号	やや高い女性の声の音域を表す音部記号	女性の低い声の音域を表す音部記号	男性の高い声の音域を表す音部記号

89 「G.P.」と「カンマ」

全員休む記号、明確な区切りを付ける記号

　オーケストラのように多数のパートが登場するスコアでは、「明確な区切りをつけるために間をあける」「突然楽曲の流れを止めて全部の楽器が長く休む」など、音楽を中断させる指示が使われることがあります。これを知らずにスコアを読んでいると、突然音楽が中断するので驚いてしまうでしょう。

　「明確な区切りをつけるために、間をあける」という指示は、五線の一番上に「,」（カンマ）を打ちます。これは譜面上でもあまり目立たない記号なので、見落とさないように注意が必要です。

　「突然楽曲の流れを止めて全部の楽器が長く休む」という指示は、「長休止」を意味する「ゲネラルパウゼ（Generalpause 独）」という指定です。多くの場合、楽器グループごとに、その一番上のパートの五線の上に「G.P.」と書き込まれます。

● 「G.P.」と「カンマ」の書き方

オーケストラのスコアからフルートのパートだけを抜き出しました。「G.P.」は楽器のグループごとに書き込まれます。

90 移調楽器

調がズレてしまう楽器がある

　オーケストラのスコアを見ると、楽器名のところに「in B」「in F」などと書かれているものがあります。これらの楽器は、譜面通りに演奏すると違う調の音が出てしまう「移調楽器」です。このようなパートは、この調のズレを補正するために、あらかじめズレてしまう分を補正して書かれています。

　たとえば「in F（インエフ）」と書かれている楽器は、ハ長調で「ド・レ・ミ・ファ・ソ・ラ・シ・ド」と書かれた譜面を演奏すると、調が変わってヘ長調で「ファ・ソ・ラ・シ♭・ド・レ・ミ・ファ」という音が鳴ります。

　移調楽器の表記は一般的に「ドイツ音名」が使われます。移調楽器には管楽器が多く、「in F」の楽器は「エフ管」、「in B」の楽器は「ベー管」などと呼ばれます。代表的なものにホルン（F管）、クラリネット（B管）などがあります。

●F管のホルンの譜面

●実際に鳴る音

91 オクターブ違いの音が出る楽器

調が変わらない「移調楽器」がある!?

　譜面に書かれた音符より、オクターブの単位で高い音、低い音が鳴る楽器があります。このような楽器も、厳密には「書かれた音符と違う音高が鳴る」ことから「移調楽器」に分類されますが、調が変わらないため「in F」のような記述はありません。

　書かれた音符より1オクターブ低い音が鳴る楽器には、ギター、ベース・ギター、ダブルベース（コントラバス）、ダブルバスーン（コントラバスーン）などがあります。

　書かれた音符より高い音が鳴る楽器には、1オクターブ高い音が出るピッコロ（フルート属の小さい楽器）やチェレスタ、2オクターブ高い音が出るグロッケンシュピール（鉄琴）などがあります。

　これらの楽器の譜面は、音符が五線の中に無理なく収まるように工夫され習慣化したものと言われています。とくに表示がありませんので、どの楽器がオクターブ違いになるかを知っている必要があります。

● 1オクターブ低い音が出るベース

● 2オクターブ高い音が出るグロッケンシュピール

92 室内楽の編成

登場楽器がわかると音楽をイメージしやすい

　クラシックの室内楽（P.18）にはさまざまな楽器編成があります。「弦楽四重奏」は弦楽器4本による合奏（重奏 P.18）です。しかし、この編成名からでは「ヴァイオリン2本（第1ヴァイオリン、第2ヴァイオリン）、ヴィオラ、チェロ」という登場楽器まではわかりません。

　このように、クラシックの分野では習慣的に使われる編成名があります。編成名から具体的な登場楽器がわかると、楽曲のイメージが掴みやすいので、一般的に使われる編成名はぜひ知っておくといいでしょう。代表的なものをいくつか紹介します（楽器名は五線の上から書かれる順に並べています）。

●ピアノ三重奏（ピアノトリオ）

ヴァイオリン ＋ チェロ ＋ ピアノ

●ピアノ四重奏（ピアノカルテット）

ヴァイオリン ＋ ヴィオラ ＋ チェロ ＋ ピアノ

●ピアノ五重奏（ピアノクインテット）

ヴァイオリン2本（第1ヴァイオリン、第2ヴァイオリン） ＋ ヴィオラ ＋ チェロ ＋ ピアノ

●木管五重奏

フルート ＋ オーボエ ＋ クラリネット ＋ ホルン ＋ バスーン ※

※木管5重奏には、金管楽器のホルンが参加します。

93 省略記号

効率的に譜面表記できる便利な記号

　同じフレーズを何度も繰り返す場合、繰り返し同じ音符を書かなくても、効率良く表すことができる記号があります。音符を省略して書けることから「省略記号」と呼ばれます。同じフレーズが繰り返されるような場合では、「拍単位のフレーズ」を省略する記号、「1小節単位のフレーズ」を省略する記号、「複数小節単位のフレーズ」を省略する記号などがあります。また、複数の休符小節が連なる場合には、休む小節数を数字で表すこともできます。演奏のニュアンスを表す記号（スタッカートなど）もすべての音符に付けなくても、「simile（同様にの意→P.77）」と書き込むことで省略できます。このような省略は、譜面の書き手が楽なだけでなく、演奏する人にとっても、譜面をシンプルに捉えることができるというメリットがあります。

●さまざまな繰り返し省略

左が2拍のフレーズを繰り返す場合、右が1拍のフレーズを繰り返す場合。

小節単位で省略する場合。斜め線の本数で何小節単位かを表します。2本の場合は2小節の長さのフレーズを表します。

●連続する休符小節

4小節の休みを表した場合（2種類の書き方があります）。

●simileの使い方

simile以降はずっとスタッカートを付けて演奏します。

94 col (コル)

「他のパートと同じ」という指定

　省略記号の中には、「他のパートと同じ内容で」という指定もあります。これは、五線の上に音符を書かずに「col＋パート名」と指定します。オーボエのパートに「col Flute」と書いた場合には、オーボエもフルートのパートに書かれた譜面と同じ内容を演奏するという指定になります。

　また、「col」を使うと「他のパートの別の小節と同じに」という指定もできます。オーボエのパートに「col Flute」に続けて、小節内に小節数を書き込むと、「フルートの4小節目と同じ」という指定になるのです。

　同じフレーズを複数のパートが演奏するオーケストラの楽曲などでは非常に便利な指定なのですが、自分で楽譜を書くときには、使いすぎに注意が必要です。なぜなら、スコアが「col」だらけになってしまうと、どんな音楽が鳴るのかをスコアから読み取るのが困難になってしまうからです。音楽を読み取れるスコアにしたい場合は、「col」の使用は控えめにしたほうがいいでしょう。

●同じ小節で他パートをcolで指定した例

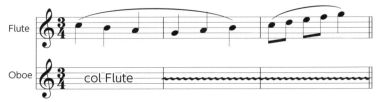

●楽曲の違う場所をcolで指定した例

例はクラリネットのパートで、オーボエの8〜10小節目と同じ演奏をするように指定した場合。

16章
五線上の さまざまな記号

五線上にはほかにもさまざまな記号が書かれます。
ここでは、五線を読む順番の指示や
奏法における指示などをご紹介します。

95 反復記号1

同じ部分を重複することなく書ける

楽曲に同じ内容の場所がある場合、多くの場合「反復記号」を使って重複しないように書かれています。「反復記号」は終止線のように「太線と細線」で2重にして点を2つ打った記号です。この記号で囲まれた範囲は繰り返されます。もしも、1回目と2回目で行き先が違う場合は、カッコ（ヴォルタマーク）を使います。1回目は「1カッコ」を通り、2回目は「2カッコ」を通るという指定です。また、指定した範囲を2回繰り返す記号「bis（ビス）」、3回繰り返す記号「ter（テル）」、4回繰り返す記号「quater（クアテル）」があります。これらは譜面を書き直すことなくサイズの変更ができるので、制作現場などでも重宝する便利な記号です。

● 反復記号

記号でくくられた範囲を繰り返します。演奏順「ABCBC」

※後ろの繰り返し記号だけの場合は、1小節目から繰り返します。

● 1カッコ　2カッコ

1カッコ、2カッコの順で通ります。演奏順「ABAC」

● 「bis」「ter」「quater」

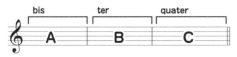

繰り返す小節の範囲を指定して、範囲指定の線の上に書き込みます。演奏順「AABBBCCCC」

96 反復記号2

複雑な展開もシンプルに表せる記号

　楽曲の組み立てが複雑になると、前項で紹介した「反復記号」だけではうまく繰り返しを表すことができないケースがでてきます。そんなときに使われるのが、以下の記号たちです。

* D.C.（ダ・カーポ）＝楽曲の始めに戻ります。
* D.S.（ダル・セーニョ）＝「𝄋」（セーニョマーク）の場所に戻ります。
* al fine（アル・フィーネ）＝「fine」まで行って終わります。
* fine（フィーネ）＝繰り返して戻ってきたら、ここで楽曲を終わりにします。
* 「𝄋」（セーニョマーク）＝ダルセーニョの指示があったらここへ戻ります。
* 「to Coda（to ⊕）」＝繰り返し時にはコーダマークへ跳びます。
* 「⊕」（コーダマーク）＝「to Coda」の指示で跳ぶ場所に書き込みます。

　これらの反復指示は、組み合わせて使われます。多くの譜面で頻繁に活用されているで、知っておくと非常に便利です。

●便利な反復指示を使った例1

演奏順「ABCAB」

※「al fine」を付けないこともあります。その場合も演奏順は変わりません。

●便利な反復指示を使った例2

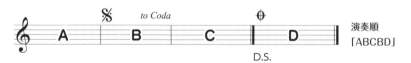

演奏順「ABCBD」

97 装飾音符

小さい音符でフレーズに飾りを付ける

　まわりの音符より小さく書かれた音符は「装飾音符」と呼ばれます。「装飾音符」は、メロディなどに飾り付けとして加えられる音で、小節内の拍にはカウントされません。一つの音符によるものから、複数の音符によるものまでさまざまな使われ方があります。棒の向きは基本的に上向きに統一され、装飾される音へとスラーを加えます。音符の縦棒に斜線が加えられる場合もあります。

　「装飾音符」は、スラーのかかった次の音へと素早く移動します。演奏の仕方は、時代やスタイルなどによってさまざまなものがありますが、ここでは現在もっとも一般的と思われる奏法を紹介します。

●装飾音符1個の例

●装飾音符2個の例

※演奏例は曲想やスタイル、演奏者の解釈によって変化します。装飾音符が演奏されるタイミングは、テンポの速さによっても大きく左右されます。

98 装飾記号

バラエティに富んだ飾り付け

　音符に装飾音を付加するときに使うのが「装飾記号」です。よく使われるものを中心に紹介します。

●トリル (trill)

細かく揺れ続けるように演奏します。tr.の記号のあとに波線を付けない場合もあります。

●プラルトリラー (pralltriller)

上向きに揺れるように演奏します。揺れ動く2度上の音の高さを指定するために、記号の上に変化記号「♯、♭、♮」などを付ける場合があります。

●モルデント (mordent)

プラルトリラーの反対で、下向きに揺れます。揺れ動く2度下の音の高さを指定するために、記号の下に変化記号「♯、♭、♮」などを付ける場合があります。

●ターン (turn)

「プラルトリラー＋モルデント」のように、「上がって下がる」装飾です。揺れ動いたときの音の高さを指定するため、記号の上下に変化記号「♯、♭、♮」などを付ける場合があります。記号の上にある場合は「上がったときの音」、下にある場合は「下がったときの音」の高さを指定しています。

※それぞれの記号について、装飾の動きを16分音符、32分音符で表していますが、音符の細かさはテンポや演奏者の解釈によって変化します。

99 よく使われる演奏記号

豊かな表現力を生み出す演奏法の指定

楽器の具体的な演奏方法を指示する記号があります。いずれも「その楽器らしさ」を引き出すのに重要な役割を果たします。よく使われるものを中心に紹介します。

●トレモロ (tremolo)

「震える」という意味があり、単音の場合は「連打するように」、2つの音の場合は「2つの音を交互に反復するように」演奏します。書き込む線の数が、音符の旗の数と同様の役割があり、数が多いほど細かい音符になります（素早いトレモロでは、正確な細かさは求められません）。

●グリッサンド (glissando)

異なる高さの2つの音の間を、滑るように移動する指定です。鍵盤楽器では、2つの音の間の鍵盤の上を指で素早く滑らせるように弾きます。ヴァイオリンなどの弦楽器では、音階を弾かずにフレット（指板）の上を滑らせて、滑らかなピッチ（音高）変化を生みだす「ポルタメント」の奏法を使うこともあります。

●ペダル (pedal)

ピアノの鍵盤を離した後も音を持続する「サスティン・ペダル」のオン／オフを表した記号です。「Ped.」で踏み込み、「※」で離します。ペダルの踏み込みを折れ線で表す場合もあります。

●ピチカート (pizz.)

ヴァイオリン属の弦楽器で、弓を使わず「指を使って弦を弾く奏法」を指示する時には、五線の上に「pizz.」と書き込みます。弓の演奏に戻すときは「arco」と書き込みます。

100 練習番号(リハーサルマーク)

練習のときになくてはならない便利な目印

　楽曲のところどころで、五線の上に「数字」や「アルファベット」が書かれていることがあります。これらは「練習番号(リハーサルマーク)」と呼ばれます。これらの文字は、演奏箇所を一発で指定できるように書かれた「番地」のようなものです。練習番号は、楽曲のキリの良いところに書かれています。これらの記号はほかの記号と混同しないように太字で書かれたり「四角」で囲まれるなど、目立つように表記されます。

　ジャズやポピュラーでは通常「アルファベット」が使われますが、クラシックでは数字によるものも見受けられます。リハーサルマークは基本的に、曲の頭から順に割り当てられますが、クラシックでは、曲の冒頭には何も付けず、次の区切りから割り当てることがあります。

　ジャズやポピュラーの譜面では楽曲の似通った部分を同じアルファベットで「A」と「A'」、「A1」と「A2」のように割り当てることもあります。また、冒頭の序章の練習番号を「イントロ(Intro)」とし、終わりの部分にイントロに掛けた造語「アウトロ(Outro)」を使ったり、つなぎの部分を「ブリッジ(Bridge)」としたり、練習番号にそのセクションの役割を名付けることがあります。

●**数字による練習番号**

●**アルファベットによる練習番号**

和音は音の上下が入れ替わっても同じ響きを生み出す

〜根音(ルート)を見つければコードネームがわかる!〜

　和音は、五線の上に「串団子」のように3度ずつ音を積み上げて作ります。

　こうして作られた和音は、音の上下を入れ替えても同じ響きがするという不思議な特徴を持っています。

　例えば「ド」の音の上に「ミ」と「ソ」を積み上げて作った「ド・ミ・ソ」の和音は、「ミ・ソ・ド」や「ソ・ド・ミ」のように上下の関係を入れ替えても、基本的に同じ響きがするのです。これは4つの音でできている「七の和音(セブンス・コード)」でも同じです。

　コードネーム(14章)は、和音の一番下の根音(ルート)※の音名(英語の音名)のアルファベットが使われます。構成音の上下が入れ替わった和音のコードネームを調べる場合は、パズルのように音を上下に入れ替えて、3度の間隔に並べ直して一番下の音(根音)を見つけましょう。

※3度づつ音を積み上げて和音を作ったとき、構成音は下から順に「根音(ルート)」、「第3音(サード)」、その上の音を「第5音(フィフス)」、その上を「第7音(セブンス)」と呼びます。

「ド」と「ミ」と「ソ」でできていれば、どれも同じ響きがします。

上下が入れ替わった和音も、3度ずつの間隔に並べ直せば、一番下の「根音(ルート)」が見つかります。

練習問題に
チャレンジしよう！

最後に腕試しに、楽譜とテキストを用意しました。
わからないところにチェックを入れて、対応するページを
読んでいけば、次第に楽譜が理解できるようになるでしょう。

楽譜テスト

いろいろな要素をふんだんに書き込んだ楽譜を用意しました。
楽譜を見て、わからないところにチェックを入れてみましょう。

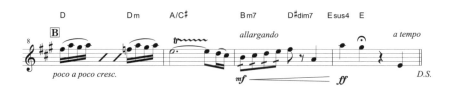

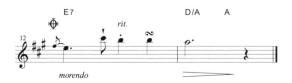

楽譜テストの解答

前項でチェックした用語の解説ページです。
該当ページでその内容を確認してみましょう。

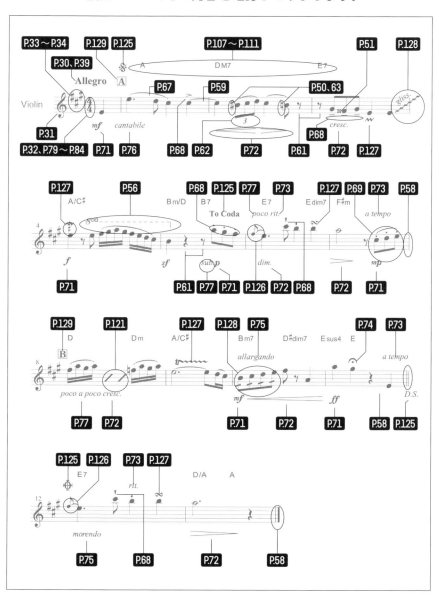

音楽用語テスト

音楽の専門用語をふんだんに使った文章を用意しました。
わからない言葉があったらチェックしましょう。

　A君は、文化祭で演奏する楽曲の「マスター・リズム・シート」を見て、「バンド譜」を作っています。ベースのパートの「五線」に書き込む「音部記号」は「ヘ音記号」です。この楽曲のテンポは「Allegro　四分音符＝120ca.」「調（key）」は「ヘ長調（F major）」、「拍子」は「4分の4拍子」なので、「速度記号」、「変化記号♭」、一つの「調号」、「拍子記号」の順に書き込み、「小節線」を引きました。

　「音符」を書き込む前に、各小節に「コードネーム」を書き込み、「練習番号（リハーサルマーク）」をふり、「1カッコと2カッコ」「D.S.（ダル・セーニョ）」と「コーダマーク」などの「反復記号」を使って楽曲のサイズを整えました。

　ベースは実際に鳴る音の「1オクターブ」上の音を五線に書き込む決まりです。「8ビート」なので4小節の「休符」のあと、「Fの音」が「8分音符」で連打するフレーズから書き始めました。「ダイナミクス（強弱記号）」は「f（フォルテ）」、8小節間同じフレーズなので「省略記号」を使います。音符には「スタッカート」と「スラー」も書き込みました。ドラム・パートは「ドラム譜」へ、ピアノ・パートは「ピアノ譜（大譜表）」へと書き込み、ギターのパートには「TAB譜」も付け加えました。「七の和音」である「G7」のコードの上では「ミクソリディアン」の「音階（スケール）」を使い、「3度」下にハモリを加えました。メロディを吹くクラリネットには、「装飾音符」や「松葉」なども丁寧に書き込み、飛び入り参加のヴィオラの譜面は「ハ音記号」の「アルト記号」を使って記譜して、この2つのパートには「パート譜」を用意しました。

音楽用語テストの解答

前項でチェックした用語の解説ページです。
該当ページでその内容を確認してみましょう。

　　A君は、文化祭で演奏する楽曲の「マスター・P.26 ム・シート」を見て、「バ P.25 譜」を作っています。ベースのパート P.54〜56 線」に書き込む「音 P.31 号」は「ヘ P.31 号」です。この楽曲のテンポは「Allegro P.30、P.36〜41」20ca P.33〜34、P.96〜100「ヘ P.33〜34、P.96〜100」、「拍子 P.32、P.80〜84 拍子」なので P.30、P.36〜41「変化 P.49〜51、P.63 の「調号 P.32、P.80〜84」の順に書き込み、「ノ P.58 」を引きま P.33〜34、P.96〜100

P.57、P.59〜62 き込む前に、各小節に「P.108〜111」を書き込み、「練習番号（P.129 サルマーク）」をふり、「1カッ P.124 カッコ」「D.S.（ P.125 ニョ）」と「コー P.125 ーク」などの P.124〜125 を使って楽曲のサイズを整えました。

　　ベースは実際に鳴る音の「1 P.91、P.119」上の音を五線に書き込む決まりです。P.86〜88 なので4小節の「P.61」のあと P.44〜51 が「8 P.57 符」で連打するフレーズから書き始めました。「ダイナミ P.71〜72 記号）」は「f P.71〜72」）、8小節間同じフレーズなので「省 P.121 号」を使います。音符には「ス P.66〜70 ト」と「ス P.66〜70 書き込みました。ドラム・パートは「ド P.27 譜」へ、ピアノ・パートは「ピアノ P.15 譜表）」へと書き込み、ギターのパートには「T P.28 譜」も付け加えました。P.102〜105 で P.108〜111 コードの上では「ミクソ P.99 ィアン」の「音 P.96〜100 レ）」を使い P.90〜94 にハモリを加えました。メロディを吹くクラリネットには、P.126〜127 や「P.72」なども丁寧に書き込み、飛び入り参加のヴィオラの譜面は P.31 、P.116 の「ア P.116 号」を使って記譜して、この2つのパートには「P.22 ト譜」を用意しました。

著者
小谷野謙一（こやの・けんいち）

作曲家。1966年生まれ、東京都出身。東京芸術大学音楽学部作曲科卒。作曲を故・石桁真礼生、佐藤眞、川崎絵都夫の各氏に、音楽理論を國越健司氏、ピアノを岡野壽子氏に師事。中学時代よりシンセサイザーに傾倒し、高校時代はバンド活動に専念。大学在学中よりコンピューターを用いた音楽制作を本格的に開始する。コンピューター・ミュージックの専門誌「DTMマガジン」に創刊時より参加し、1994年より現在に至るまでオリジナル曲を発表し続けている。著書に『よくわかる楽典の教科書』『DTMでクラシック～名曲で学ぶ表現豊かな打ち込みテクニック～』（ともにヤマハミュージックエンタテインメントホールディングス）がある。

小谷野謙一オフィシャルホームページ
http://www.maroon.dti.ne.jp/kenichi-koyano/index.html

絶対！わかる
楽典100のコツ

2015年8月20日 初版発行
2021年11月10日 第4版発行

著者	小谷野謙一
発行者	堤 聡
発行所	株式会社ヤマハミュージックエンタテインメントホールディングス
	ミュージックメディア部
	〒171-0033　東京都豊島区高田3-19-10
	電話　03-6894-0250（営業）
	インターネット・ホームページ　https://www.ymm.co.jp
カバーデザイン	SOUP DESIGN
編集	上林将司（有限会社チタンヘッズ）
デザイン	有限会社チタンヘッズ
担当	片山 淳（株式会社ヤマハミュージックエンタテインメントホールディングス）
印刷・製本	シナノ印刷株式会社

造本には十分注意しておりますが、万一落丁・乱丁などの不良品がございましたらお知らせ下さい。
本書の無断複写（コピー）は著作権法上の例外を除き、禁じられています。
本書の定価はカバーに表示してあります。

ISBN 978-4-636-91863-2
©2014 by KEN-ICHI KOYANO/Yamaha Music Entertainment Holdings, Inc.
Printed in Japan